Sabine Panzram

Dominik Kloss

Die 50 bekanntesten archäologischen Stätten in

Spanien

Sabine Panzram
Dominik Kloss

Die 50 bekanntesten archäologischen Stätten in Spanien

Nünnerich-Asmus Verlag & Media

176 Seiten mit 108 Abbildungen und 2 Karten
Titelabbildung: oben: Lugo (Lucus Augusti), spätantiker Mauerring mit 70 Türmen, © Wikimedia Commons, Vicente Maza Gómez, CC BY-SA 3.0. Mittig: Santiponce (Italica), Amphitheater aus der Zeit Hadrians, © S. Panzram. Unten: Segovia (Segovia), Aquädukt vom Ende des 1. Jhs. n. Chr. © Wikimedia Commons, McPolu, CC BY-SA 2.0.
Frontispiz: Bolonia (Baelo Claudia), Basilika aus frühclaudischer Zeit, © S. Panzram.

Bibliografische Information der Deutschen Nationalbibliothek
Die Deutsche Nationalbibliothek verzeichnet diese Publikation in der Deutschen Nationalbibliografie; detaillierte bibliografische Daten sind im Internet über http://dnb.d-nb.de abrufbar.

ISBN 978-3-96176-180-7

Lektorat: Tina Sieber, Florian Klein
Gestaltung des Titelbildes: Hans Jürgen Wiehr, Mainz
Gestaltung: Bild1Druck GmbH, Berlin
Druck: Westermann Druck, Zwickau

Printed in Germany by Nünnerich-Asmus Verlag & Media
Weitere Titel aus unserem Verlagsprogramm finden Sie unter:
www.na-verlag.de

Inhalt

KARTEN DER IBERISCHEN HALBINSEL – HISPANIEN UND SPANIEN

Iberische Halbinsel
Antike

Seit der Frühen Kaiserzeit verstand man unter *Hispania* die drei Provinzen *Hispania Citerior* (oder auch *Tarraconensis*), *Baetica* und *Lusitania*. Diese waren ihrerseits in mehrere, nach ihren Hauptorten benannte Gerichtsbezirke – sog. *conventus* – unterteilt.

Heute teilen sich Spanien und Portugal die Iberische Halbinsel; ersteres setzt sich seit 1978 aus 17 Autonomen Gemeinschaften zusammen, auf zehn verteilen sich die 50 bekanntesten archäologischen Stätten.

Iberische Halbinsel Moderne

VORWORT

Einen Reiseführer zu schreiben, ist eine nicht gerade alltägliche Herausforderung für Altertumswissenschaftler. Wir haben uns ihr mit Freuden gestellt – in dem Wissen, dass Spanien als Urlaubsziel nicht nur kilometerlange, traumhaft schöne Strände und atemberaubende Landschaften auf bis zu 3.000 m Höhe zu bieten hat, sondern auch einzigartige Zeugnisse vielerlei Kulturen: der iberisch-keltiberischen, der phönizisch-punischen, der griechischen wie der römischen, der westgotischen oder auch der maurisch-arabischen. Dabei ist uns die Auswahl der 50 bekanntesten archäologischen Stätten nicht leicht gefallen: Aufgrund unseres altertumswissenschaftlichen Hintergrundes steht die römische Antike im Mittelpunkt, aber wir haben der Versuchung nicht widerstehen können, hier und da einen Ausflug in die vorrömische oder auch vormoderne Antike zu unternehmen, in das griechische *Emporiae* (Ampurias – Empúries), das *Obulco* (Porcuna) der Iberer oder das Antequera Philipps II. Unserem Bestreben folgend, einen Einblick in das historische Erbe ganz Spaniens zu geben, haben wir eine Auswahl getroffen, die den Denkmalbestand in den unterschiedlichen Regionen zu unterschiedlichen Zeitpunkten – vom Ende des 3. Jhs. v. Chr. bis zum Beginn des 8. Jhs. n. Chr., von der Republik bis in die Spätantike und darüber hinaus – repräsentiert. Das bedeutet im Umkehrschluss, dass wir zwangsläufig Stätten ausschließen mussten, obwohl ihr Bekanntheitsgrad – wie im Falle von *Ategua* (Prov. Córdoba), *Complutum* (Alcalá de Henares) oder Carranque (Prov. Toledo) – durchaus den hier vorgestellten Beispielen entspricht.

Jedenfalls haben wir uns von der Neugierde anstecken lassen, der Begeisterung und der Leidenschaft, die noch immer zu spüren sind, wenn es um das Erbe Roms geht – auch noch im fünften Jahrzehnt nach dem Tode Francos 1975. Denn es war das Ende des Franquismus gewesen, das dessen Erschließung und Erforschung eine zusätzliche politische Konnotation verliehen hatte: Einem demokratischen Spanien konnten nicht als historische Bezugsgrößen nationaler Identität gelten, was unter der Diktatur propagiert worden war – die Westgotenzeit, in der Spanien erstmals „eines, groß, frei und katholisch" gewesen sei, und die

Region Kastilien, in der sich im Zeitalter der Reconquista die *hispanidad* herausgebildet hatte. Mit Blick in die Geschichte hatte es Rom zu seiner Referenz gemacht – die Vergangenheit als Provinz des Imperiums sollte nun in die Zukunft als Region der Europäischen Gemeinschaft weisen. Insofern hatten sich die ersten systematischen Ausgrabungen, die zu Beginn der 1980er Jahre in Tarragona, Córdoba und Mérida eingesetzt hatten, nicht nur einen Weg zu den Überresten der Provinzhauptstädte des römischen Hispaniens, sondern auch nach Europa gebahnt. Archäologie – insbesondere Stadtarchäologie – meint nicht nur die Freilegung der Überreste der Lebenswelten von vor 2.000 Jahren, sondern neben ihrer Restaurierung und Musealisierung auch Rekontextualisierung: Sie sucht diese in das heutige Stadtbild zu integrieren und damit die Möglichkeit zu bieten, städtebauliche Komponenten in ihrer historischen Dimension und nicht – jedes Sinnzusammenhanges entbehrend – vereinzelt im Museum zu erleben. Ein Beispiel par excellence für diese Konstruktion eines „archäologischen Gedächtnisses“ als Bestandteil kollektiver Erinnerung, das Vergangenes im Bewusstsein halten will und gezielt zu vergegenwärtigen sucht – auch um die Wahrnehmung kultureller Zugehörigkeit zu ermöglichen – ist *Tarraco* (Tarragona). Aber auch *Carthago Nova* (Cartagena) oder *Caesaraugusta* (Zaragoza) bieten in dieser Hinsicht Potential, während Stätten wie *Abdera* (Adra) oder *Elvira* (Granada) v. a. nach Imagination verlangen: Dorthin sollte man sich dann begeben, wenn man bereit ist, einem Ereignis oder einer Epoche lediglich nachzuspüren; Realien sind vor Ort kaum zu erwarten. Genau diese ambigue Mélange aus wirkungsmächtigen „Erinnerungsorten“ wie *Numantia* (Garray – Numància) und „kleinen Abbildern Roms“ wie *Augusta Emerita* (Mérida) ist es, die den Reiz des antiken Spaniens wie auch dieses Reiseführers ausmacht. Jede Stätte kann für sich entdeckt werden, aber erst in der Zusammenschau ergibt sich ein Bild von der Geschichte der drei hispanischen Provinzen in diesen Jahrhunderten, dem ein Narrativ der Ereignisse zugrunde liegt. Das eine ist so subjektiv wie das andere. Aber gerade diese Erfahrung ist es ja, die das Reisen so spannend macht, wird doch die eigene Sichtweise in der Ferne beständig durch die Erfahrung des Anderen relativiert.

EINFÜHRUNG

Die Iberische Halbinsel – eine „eigene Welt"

Reichtum macht attraktiv. Seit Beginn der Gewinnung und Verarbeitung von Metall ist die Iberische Halbinsel ein begehrtes Ziel: Sie lockt mit Kupfer und Zinn, Gold, vor allem aber Silber, später auch Eisen und Blei. In der Bronzezeit werden die Ressourcen des Guadalquivir-Tals (Sierra Morena) und der heutigen Provinzen Jaén und Almeria erhandelt und verschifft; hier finden sich dann auch erste phönizische und später griechische Niederlassungen, deren Funktion über die Anlage von Handelsfaktoreien hinausgeht und auf eine systematische Gewinnung der Bodenschätze abzielt (Abb. 1).

Jedenfalls hat Fernand Braudel die Iberische Halbinsel treffend als einen „autonomen Kontinent", als eine „eigene Welt" bezeichnet: insgesamt fast 600.000 km², zwischen Atlantik und Mittelmeer, welche die Pyrenäen begrenzen und die Straße von Gibraltar mit dem Norden Afrikas verbindet und deren lebensweltliche Vielfalt sich in unterschiedlichen Landschaften und Nutzungspotentialen spiegelt. Während den Osten das gemäßigte Klima der Mittelmeerküste prägt, sieht sich der Westen

dem rauen, unwirtlichen Atlantischen Ozean ausgesetzt; Küstenregionen mit fruchtbaren Ebenen im Hinterland für den Anbau von Oliven, Wein und Getreide und kaum frequentiertes Binnenland wechseln sich ab. Allerdings wartet der Nordwesten auch mit metallhaltigen Gebirgsrücken auf, die sich ansonsten zuvörderst im Süden finden, wo zudem der Guadalquivir mit seinen fruchtbaren Flussniederungen und Auen eine landwirtschaftliche Nutzung ohnegleichen ermöglicht. Ohne einem naturräumlichen Determinismus das Wort zu reden, ist offensichtlich, wie das physische Ambiente mit seinen unterschiedlichen Klimazonen und Wirtschaftsräumen die Nutzung der Iberischen Halbinsel und auch ihre Wahrnehmung präfigurierte. In dieser Hinsicht beeinflusste keine auswärtige Macht – weder die Phönizier noch die Griechen oder später die Westgoten und Umayyaden – die Geschicke dieser Region so nachhaltig wie Rom. Und Rom unterschied mit Blick auf die Iberer (Ilergeten, Edetaner, Turdetaner et al.), die vorrangig entlang der Ostküste bzw. deren Hinterland und im Gebiet des heutigen Andalusien lebten, die Kelten (im Laufe des 1. Jt. eingewandert) am Atlantik und in der Meseta, sowie die Keltiberer (Kelten, die sich auf iberischem Terrain niedergelassen hatten) im Gebiet des Ebro, des Jalón und des Duero, deutlich zwischen Ost und West, zwischen zivilisierten Räumen und Barbarenland. Autoren wie Strabon und Plinius entwarfen ein Bild von Einwohnern, deren soziopolitischer Entwicklungsstand mit der Klimazone korrelierte, in der sie sich aufhielten. Tatsächlich aber hätten die Prozesse der Provinzialisierung, Urbanisierung, Latinisierung – letztlich Romanisierung, die Rom ab dem 2. Jh. v. Chr. so erfolgreich initiierte, gar nicht greifen können, wenn nicht die indigenen Ethnien bereits in vorrömischer Zeit in städtischen Siedlungsformen und in gesellschaftlichen Strukturen gelebt hätten, die offensichtlich hierarchisch organisiert waren.

Abb. 1: Bleibarren aus den Minen im Hinterland von *Carthago Nova* (Cartagena). Die Stempel verweisen auf *liberti* und Sklaven, die vorrangig zu Familien italischer Herkunft – insbesondere aus Kampanien und dem Süden der Apennin-Halbinsel – gehörten.

„…dass man nicht entscheiden konnte, welches Volk sich dem anderen unterwerfen sollte…“

Die Urbanisierung der Iberischen Halbinsel ist untrennbar mit dem ersten *princeps* verbunden: Augustus erklärte im Jahre 25 v. Chr. den Krieg gegen die Bergstämme der Asturer und Kantabrer, den er schließlich persönlich und mit einer ungewöhnlich großen Truppenzahl – mindestens sieben Legionen – geführt hatte, für gewonnen. Damit galt die Befriedung der Halbinsel als abgeschlossen, an deren Ostküste – bei *Emporiae* (Ampurias – Empúries) – die Brüder Publius und Gnaeus Cornelius Scipio zu Beginn des Zweiten Punischen Krieges (218–201 v. Chr.) rund zwei Jahrhunderte zuvor zunächst nur angelandet waren, um gegen die Gefährdung des eigenen Herrschaftsraumes durch die sich rasch vergrößernde karthagische Epikratie vorzugehen. Doch schon wenig später – noch vor der Überschreitung des *Iberus* (Ebro) im Jahre 210 – hatte Publius Scipio beschlossen, dass Hispanien „unser“ sei und konzentrierte sich das Interesse Roms auch auf das Land selbst, über dessen Reichtum an Gold- und Silbervorkommen man unterrichtet war. Der erfolgreiche Angriff auf *Castulo* 217 v. Chr. traf das Zentrum des Minen-Gebietes; die Einrichtung zweier *provinciae – Hispania citerior* und *Hispania ulterior* – 212 sowie von Garnisonen an strategisch und ökonomisch zentralen Orten, die Bestellung zweier Statthalter und die Gründung von *Italica* (Santiponce) am *Baetis* (Guadalquivir) 206, jenem Fluss, der die Verbindung zwischen den Minen des *Saltus Castulonensis* und des Río Tinto-Gebietes ermöglichte, machen deutlich, dass man nicht an Rückzug dachte: Geostrategischer Selbstschutz, zivilisatorisches Sendungsbewusstsein und die Aussicht auf den Gewinn von Edelmetallen wie landwirtschaftlichen Erzeugnissen und nicht zuletzt Sklaven mögen die strategischen Maßnahmen Publius Cornelius Scipios gleichermaßen motiviert haben. Jedenfalls begann nach der „Befreiung“ der Halbinsel von der Herrschaft Karthagos Livius zufolge ein „neuer“ Krieg, dessen Ereignisse wie die Niederlagen gegen Viriathus, den Anführer der Lusitaner, oder die Belagerung des keltiberischen *oppidum* von Numantia (Garray – Numància) in den Jahren zwischen 143 und 133 v. Chr. das römische Selbstverständnis teilweise derart erschütterten, dass der römische Historiograph Velleius Paterculus in seiner *Historia Romana* das Fazit zog, es hätte wahrhaftig zur Disposition gestanden, welches der beiden Völker dem anderen gehorchen sollte (2,90,3). Denn zu dem stetigen Widerstand von Seiten der einzelnen Ethnien, die es gleichwohl nicht vermochten, sich vereint gegen Rom zu stellen, kamen noch die innerrömischen Auseinandersetzungen wie der Sertorius-Krieg (82–72 v. Chr.) und der Bürgerkrieg zwischen den Anhängern Cäsars und Pompeius‘ (49–45 v. Chr.), die auch in Hispanien ausgetragen wurden.

Tatsächlich irrte Augustus, als er das *bellum Cantabricum* für beendet hielt und aufgrund des Friedenszustandes im gesamten Imperium den Tempel des Janus in Rom schließen ließ: Die angeblich besiegten Völker Hispaniens erhoben sich nämlich erneut, noch bevor der *princeps* wieder in der Hauptstadt eingetroffen war. Die Kriegshandlungen zogen sich also weiter hin und schließlich war es Agrippa zu verdanken, dass die Kantabrer im Jahre 19 v. Chr. endlich „am Boden lagen" und auch die letzte aufständische Region im Nordwesten der Iberischen Halbinsel als endgültig befriedet gelten konnte. Zwischen 16 und 13 v. Chr. nahm Augustus selbst eine administrative Reorganisation des hispanischen Territoriums vor und richtete die Provinzen *Tarraconensis, Baetica* und *Lusitania* ein. Zudem erhob er *Tarraco* (Tarragona), *Corduba* (Córdoba) und *Augusta Emerita* (Mérida) in den Rang einer Hauptstadt der jeweiligen Provinz und schuf damit die Grundlage für ein Städtenetzwerk, dessen Hierarchie auf Privilegierungen beruhte. Der ältere Plinius führt in seiner *Naturalis Historia* mit Blick auf die drei Provinzen schließlich 399 Städte mit unterschiedlichem Rechtsstatus auf; so gab es neben Kolonien und *municipia civium Romanorum*, die das römische Bürgerrecht besaßen, „freie" Städte mit eigenen Gesetzen und autonomer Steuerpflicht sowie solche, die Abgaben an Rom (*stipendium, tributum*) entrichteten. Der „Bauboom", den eine Privilegierung bewirkte, sollte sich unter den Flaviern wiederholen, da Vespasian ganz Hispanien das latinische Recht verlieh.

Abb. 2: Als paradigmatisch für diese Einstellung kann eine 100 Pfund schwere Statue aus reinem Gold gelten, die die *Baetica* Augustus anlässlich der Verleihung des *pater patriae*-Titels schenkte und auf deren Postament aus Marmor zu lesen war (CIL VI 8,2 31267): *Imp(eratori) Caesari Augusto p(atri) p(atriae) Hispania ulterior Baetica quod beneficio eius et perpetua cura provincia pacata est auri p(ondo) C(entum).*

„Es ist ein weites, sehr großes und reiches Land, besitzt gelehrte Männer und alle Güter und ist reich an allen Handelswaren..."

Rom verstand es in beispielhafter Manier, Urbanisierung und Romanisierung zu verbinden. Es machte die städtische Selbstverwaltung zur entscheidenden Konstituente seines Herrschaftssystems und die Ausbreitung seiner städtischen Kultur – des „Roman Way of Life" – schuf eine Einheitlichkeit, die kein herrschaftlicher Zwang, kein durch konzeptionelle Zielvorgaben gesteuertes politisches Handeln hätte bewirken können. Denn die lokalen und provinzialen Eliten, die Strabon zufolge nicht einmal die Erinnerung an die eigene Sprache bewahrten; diese *togati* nahmen die Wohltaten und die Fürsorge Augustus' zum Anlass, ihre Zugehörigkeit zu Rom zu demonstrieren: Aus „Dankbarkeit" (Abb. 2) dominierten fortan Bauten des munizipalen und provinzialen Herrscherkultes – der kultischen Praxis, die zum Handlungsraum für kollektive und individuelle Repräsentation per definitionem wurde – wie zum Beispiel in *Tarraco* die Silhouetten ihrer neu gestalteten, vor Marmor glänzenden Städte.

Abb. 3: Der jüngere Balbus, an den Cádiz mit dieser Statue erinnert, feierte nach seinem Sieg über die Garamanten einen Triumph und errichtete in Rom das *theatrum Balbi.*

Rom wurde ihnen zur Referenz: Sie übernahmen stadtrömische Baukomplexe wie das Augustus-Forum, kopierten Statuen, Skulpturen, Grabstelen wie im Falle von *Augusta Emerita*, so dass die Kolonien einem Aulus Gellius zu Beginn des 2. Jhs. n. Chr. als „kleine Abbilder" Roms galten. Sie richteten ihren Lebensstil entsprechend, ihren *cursus* zielgerichtet aus – wohl wissend, dass der Weg in die Hauptstadt des Imperium Romanum am ehesten über das Engagement in der eigenen Stadt und den provinzialen Flaminat führte, gestaltete sich doch eine Karriere in der römischen Armee bedeutend langwieriger und unberechenbarer. Rom bot also eine Herrschaftsordnung, ein System von politischen und sozialen Institutionen, das durch die *pax Augusta* nicht nur die physische Sicherheit der Provinzialen, sondern auch ihre Rechtssicherheit gewährleistete und ihnen zudem die Möglichkeit einer reichsweiten Karriere eröffnete. So brachte *Gades* mit Cornelius Balbus den ersten Nichtitaliker hervor, der in den römischen Senat eintrat (Abb. 3) – *Italica, Corduba, Tarraco* und andere Städte folgten als *patria* von Senatoren und Rittern; die Hispanier Trajan, Hadrian, Theodosius bekleideten schließlich sogar den Kaiserthron. Aus der *Baetica* wie aus der *Tarraconensis* stammten bedeutende Philosophen, Schriftsteller,

Rhetoren: die beiden Seneca, Pomponius Mela, Lucan, Columella, Martial und Quintilian.

Jedenfalls entstanden im Verlauf des 1. und 2. Jhs. neben einem Straßennetz, das die Iberische Halbinsel erschloss – *Gades* (Cádiz) mit *Asturica Augusta* (Astorga), *Olisipo* (Lissabon) mit *Carthago Nova* (Cartagena) verband – und gleichzeitig mittels der Via Augusta eine Verbindung nach Gallien und Rom schuf; und einer Vielzahl vorgeblich uniformer Stadtbilder, die Regelhaftigkeit monumental in Szene setzten, über hoch aufragende Heiligtümer, aufwendige Theaterbauten und nicht zuletzt solide Befestigungsanlagen verfügten, beachtliche Leistungen römischer Ingenieurskunst wie der Aquädukt von Segovia oder die Brücke von Alcántara (Abb. 4), sowie zudem administrative und wirtschaftliche Strukturen, die sich durch eine beeindruckende Perseveranz auszeichnen sollten: So geht die bis heute anhaltende agrarische Monokultur im Süden auf die Initiative von Augustus zurück, die Versorgung Roms und der Legionen mit Olivenöl aus der *Baetica* zu gewährleisten (Abb. 5, S. 18). Rund 100 Produktionsstätten kamen dieser Nachfrage im Rahmen der *annona* über drei Jahrhunderte lang nach. Noch im

Abb. 4: Die Brücke von Alcántara ist eine römische Steinbogenbrücke, die sich in einer Länge von 194 m über den Tajo erstreckt (Prov. Cáceres). Den Bau unter Trajan finanzierten 11 Munizipien aus der *Lusitania*, um den riskanten Seeweg nach Kantabrien und Galicien durch eine Straße zu ersetzen, die schließlich *Norba* (Cáceres) und *Conimbriga* (Condeixa-a-Velha) verband und so die Versorgung aus den dortigen Eisenvorkommen sicherstellte.

Abb. 5: Olivenhain zwischen *Corduba* (Córdoba) und *Hispalis* (Sevilla); beide Städte zählten gemeinsam mit *Astigi* (Écija) in der Kaiserzeit zu den wichtigsten Zentren für die Produktion und den Export von Olivenöl.

4. Jh. versorgte *Spania* ausweislich der *Expositio totius mundi et gentium* – einer „Handelsgeographie“ – „die ganze Welt“ mit Öl und Fischsauce, Pökelfleisch und Pferden, wertvollem Pfriemengras und Schiffen jedweder Art (59). Offenbar hatte die Region sowohl die Einfälle der *mauri* aus Nordafrika als auch die sog. „Krise des 3. Jahrhunderts“ unbeschadet überstanden.

Spania – „Königin der Provinzen“ und „Zierde und Schmuck des Erdkreises“

Anders dagegen im 5. und 6. Jh., als „die Barbaren durch Hispanien tobten“: Die wenigen Worte, die Hydatius – Bischof von *Aquae Flaviae* (Chaves) – findet, um die Landnahme seiner Heimat zu beschreiben, lassen eine Realität apokalyptischer Ausmaße erahnen. Die Invasionen der Sueben, Vandalen und Alanen erschütterten die Iberische Halbinsel auch deshalb, weil den *barbari* aufgrund struktureller Veränderungen im römischen Heer reichsfremde Truppen entgegentraten – in diesem Fall Verbände der Westgoten –, die in einem Föderaten-Verhältnis zu Rom standen und deren Loyalität nicht mehr dem Kaiser, sondern ihrem Heerführer galt. Die Iberische Halbinsel war zu einem „gewaltoffenen Raum” geworden, in dem „barbarische“ Magnaten und hispanoromanische *duces* um die Macht rangen. Als sich Eurich 473 auch die *Tarraconensis* ergibt, scheidet sie faktisch aus dem römischen Reichsverband aus.

Im Kontext politisch-sozialer Umordnung, Desorientierung und aufgrund des Fehlens einer effizienten überlokalen Gewalt etablierte sich eine neue politisch-religiöse Lokalherrschaft – die so genannte Bischofsherrschaft. Die Bischöfe gelangten zu weltlicher Macht, weil sie einflussreiche Rollen in der Politik übernahmen, im Rechtswesen und in der Verwaltung aktiv waren, ja sich sogar bei der militärischen Verteidigung ihrer Städte engagierten. Im Laufe des 6. Jhs. scheinen in den bislang von Statuen, Skulpturen und Tempeln dominierten Silhouetten der Städte Kirchen, Bischofssitze und Klöster auf, die auf prosperierende christianisierte Lebenswelten verweisen. *Bracara Augusta* (Braga) und *Augusta Emerita* (Mérida) können in dieser Hinsicht als paradigmatisch gelten; Bischöfe wie Martin und Masona waren auch überregional für ihre Lehren wie für ihre *caritas* und Bautätigkeit bekannt. Leovigild, der *Toletum* (Toledo) zur Hauptstadt des Westgotenreiches erhob, gelang es trotz der Konsolidierung und „Imperialisierung" seiner Herrschaft (568-586) nicht, das arianische Bekenntnis durchzusetzen; er scheiterte am Widerstand der hispanoromanischen Eliten. Insofern war die Konversion seines Sohnes Rekkared zum Katholizismus auf dem 3. Konzil von Toledo 589 nur folgerichtig; und fortan kam den Konzilien bis zu einem Grad politische Autorität zu, dass man von einer „theokratischen Monarchie" sprechen kann. Für Isidor, den (wort-)mächtigen Bischof von Sevilla, ist *Spania* „die schönste aller Landschaften" aufgrund ihres Sieges über Rom und wegen ihrer Fruchtbarkeit, ihres Reichtums und ihrer Schönheit zu lobpreisen.

Jedenfalls war die fundamentale Bedeutung der Stadt als Grundfeste von Herrschaft seit der Kaiserzeit ungebrochen; sie provozierte jedoch jetzt ein strukturelles Manko, denn keine der vielerlei Städte vermochte als „erste" Stätte des Christentums größere Bedeutung zu erlangen. Daher gab es solche, die aufgrund eschatologisch relevanter *merita* – weil Märtyrer als ihre Patrone fungierten – von Bedeutung waren (zum Beispiel Zaragoza), und solche, die Ansehen genossen, weil sie in verwaltungstechnischer Hinsicht und im Rahmen einer nach wie vor „imperialen Ordnung" – wenn auch unter veränderten Vorzeichen – relevant blieben (wie die ehemaligen Provinzhauptstädte). Toledo wurde erst durch ein Dekret, das es 610 zum Metropolitansitz aufwertete und die Etablierung des Primats 681 zum „spanischen Rom". Die Umayyaden, die 711 auf die Iberische Halbinsel übersetzten, sahen sich wie einige Jahrhunderte zuvor die Westgoten gezwungen, jede Stadt einzeln zu erobern oder mittels Pakt zu gewinnen – machten sich dann aber genau das bereits erprobte Prinzip von Herrschaft zunutze und brachten al-Andalus auf der Grundlage seiner unerschöpflich scheinenden Ressourcen in jedweder Hinsicht zu ungeahnter Blüte.

Nur gut 35 km von der französischen Grenze entfernt liegt mit Ampurias der wohl einzige Ort auf der Iberischen Halbinsel, der ohne größere Überbauung ein unmittelbares räumliches Nebeneinander einer iberischen und römischen, v. a. aber auch einer griechischen Stadt nachvollziehbar macht.

01 AMPURIAS (EMPORIAE) – EINE WACHSENDE STÄDTELANDSCHAFT MIT VIELEN KULTURELLEN EINFLÜSSEN

Geschützt von den letzten Ausläufern der Pyrenäen ins Mittelmeer, ganz an der Nordostspitze der Iberischen Halbinsel, öffnet sich der Golf von Roses mit langen Strandabschnitten gen Osten. Günstige Windverhältnisse ermöglichten schon früh Seeverbindungen in den gegenüberliegenden Golfe du Lion. Folgerichtig sind die ersten Kontakte indigener Völkerschaften des eisenzeitlichen Spaniens mit den griechischen und italischen Hochkulturen, die im beginnenden 7. Jh. v. Chr. in eben jenes Gebiet ausgriffen, hier zu verorten.

Ähnlich wie für die Phönizier weiter südlich, war für massaliotische und etruskische Händler das Hinterland der heutigen Costa Brava zunächst aufgrund seines Metallreichtums von Interesse. Wie weitere Gründungen *Massalias* im südgallischen Raum, so waren auch die griechischen Kolonien südlich der Pyrenäen daher v. a. als Handelsvorposten konzipiert. Die dank fehlender Überbauung und durch eine lange und umfassende Forschungstradition weitaus am besten dokumentierte griechische Stadt in Spanien, Ampurias, behielt den Charakter des antiken Warenumschlagplatzes – eines *emporion* – sogar namentlich bei.

Der frühe Hafenplatz

Für die rasante Entwicklung von Ampurias war es von Vorteil, dass hier – unmittelbar am antiken Unterlauf des Fluvià – schon im 9. Jh. eine iberische Siedlung auf einer vorgelagerten Insel (mit dem heutigen Örtchen Sant Martí d'Empúrie) existiert hatte. Zudem erleichterte der ursprünglich nur wenige 100 m weiter südlich als zweiter großer Fluss der Region ins Mittelmeer mündende Ter die Erschließung des Binnenlandes.

In den 570er Jahren entstand hier eine massaliotische Kolonie, die schnell durch Zuzügler aus *Massalias* Mutterstadt *Phokaia* signifikant vergrößert wurde. Die dadurch ermöglichte Stadterweiterung südwestlich der besagten Insel wird seit dem Beginn ihrer Ausgrabung im frühen 20. Jh. als *Neapolis* (Neustadt) bezeichnet. Sie war mit etwa 4 ha Fläche zwar nur wenig größer als die nunmehrige, begrifflich bereits antik so benannte *Palaia Polis* (Altstadt), erweiterte aber deren Hafenareale. Längst durch Verlandung unsichtbar geworden, bot die einstige Bucht zwischen den beiden Siedlungszentren Platz für zahlreiche Schiffe und zumindest seit dem späten 2. Jh. v. Chr. zusätzlich Schutz durch eine Mole. Die noch auf rund 80 m Länge und 5 m Höhe sichtbaren Reste derselben – ein mit Kalkstein-Quadern verkleideter *opus caementicium*-Kern – präsentieren sich als ein beeindruckendes Zeugnis des antiken Hafens.

Vielfältige ethnische Einflüsse zeigt die auch überregional bedeutsame Münzprägung aus Ampurias. Erste Stücke nach massaliotischem Münzfuß setzen in der 1. Hälfte des 5. Jhs. mit der Legende *EM* respektive *EMP* ein, im 4. Jh. folgen dann Drachmen, deren Münzbilder mit Pferdedarstellungen sowie mit einem Frauenkopf – vielleicht Artemis – am ehesten Vorbildern aus Karthago und der Magna Graecia folgen dürften. Ab dem frühen 2. Jh. lassen sich in Ampurias aber auch Bronzeprägungen mit iberischen Legenden nachweisen. Das hier erscheinende Toponym *UNTIKESKEN* dürfte dabei die Selbstbezeichnung der iberischen Siedlung im Umfeld von Ampurias gewesen sein – was die in griechischen Quellen überlieferte Benennung für den hier ansässigen Stamm der *Indiketes* nahelegt. Kurz nach der Mitte des 1. Jhs. v. Chr. verschwindet die iberische Stadtbezeichnung aus den Münzlegenden und auch die griechischen Einwohner des Hafenortes mussten spätestens jetzt der Dominanz eines weiteren urbanen Nachbarn Rechnung tragen: Mit der Übernahme des Denars und der Legende *MUNICIPIUM EMPORITAE* gewann der römische Charakter von Ampurias eine neue Qualität.

Aus vielen Städten eine

Bereits 218 v. Chr., in der Anfangsphase des Zweiten Punischen Krieges, war Gnaeus Cornelius Scipio Calvus mit einem Truppenkontingent in Ampurias gelandet, wodurch der Ort nicht nur Zeuge der ersten griechischen, sondern auch der ersten römischen Schritte auf der Iberischen Halbinsel wurde. Weitere Unternehmungen in den Folgejahren manifestierten die Rolle der Stadt als militärischer Brückenkopf der Römer. Cato der Ältere, der als Konsular im Jahre 195 einen iberischen Aufstand durch die Zerstörung mehrerer Oppida in der Umgebung von Ampurias niederschlug, hatte hier für mehrere Monate sein Hauptquartier aufgeschlagen. Aus jenem *praesidium*, auf einem 27 m hohen Plateau 500 m südwestlich des Hafens errichtet, sollte sich bis zum frühen 1. Jh. v. Chr. eine größere römische Planstadt entwickeln. Ein wesentlicher Schritt dürfte dabei die Eingemeindung eines Teils derjenigen

Museen/ archäologische Stätten

Museu d'Arqueologia de Catalunya (MAC) Empúries

Carrer Puig i Cadafalch, s/n

17130 L'Escala

T. +34 972770208

http://www.macempuries.cat/ca/

indigenen Bevölkerung als *incolae* gewesen sein, die vormalig nördlich der römischen Lagersiedlung siedelte – und von dieser durch eine (später innerstädtisch verlaufende) Befestigung getrennt war. Die Ansiedlung rechtlich privilegierter caesarianischer Veteranen nach der Schlacht von Munda 45 v. Chr. vergrößerte wiederum den Anteil italischer Einwohner.

Das letztlich mit 22,5 ha Fläche den gesamten Höhenzug oberhalb der griechischen *Neapolis* einnehmende Mauerrechteck umfasste 70 regelmäßige *insulae* und besaß ein zentrales Forum mit umlaufenden *tabernae* und einem Kapitolium. Besonders gut erschlossen sind einige Straßenblöcke nordöstlich des Forums. Hier lassen sich mehrere mit Mosaiken reich ausgestattete und in augusteischer Zeit erweiterte *domus* nachweisen (Abb. 6).

Noch einmal neue große öffentliche Bauten entstanden dann in der Mitte des 1. Jhs. n. Chr. mit einem Amphitheater und einer *palaestra* extra muros zu beiden Seiten des südlichen Haupttores des römischen *Emporiae* (Abb. 7). Im innerstädtischen Bereich macht sich aber bereits in flavischer Zeit der Bedeutungsverlust der Stadt zugunsten des provinzialen Vorortes *Tarraco* durch mangelnde Ausbesserungen im

Abb. 6: Das qualitätvolle Mosaik mit der Opferungsszene der Iphigenie in *Aulis* war Mitte des 19. Jhs. einer der ersten Funde in der griechischen *Neapolis*.

Forumsbereich bemerkbar. Als spätes Bauprojekt mit einem letzten Ausbau im 3. Jh. daher singulär steht der mit 1.300 m² umfangreiche öffentliche Thermenkomplex, der durch Grabungen der frühen 2000er Jahre im Nordosten des Forums identifiziert werden konnte.

Die Bedeutung von Ampurias als spätantikes christliches Zentrum spiegelt sich bereits nicht mehr auf der Gesamtfläche der zuvor zusammengewachsenen römisch-griechischen Stadt wider. Im 6. Jh. scheint sich die Siedlungstätigkeit wieder – wie zu den Anfängen der Stadtgeschichte – auf die inzwischen zur Halbinsel gewordene und separat neu befestigte *Palaia Polis* zu beschränken.

Abb. 7: Der Weg vom Amphitheater zum Forum führt durch das Südtor der im 1. Jh. n. Chr. ausgebauten römischen Stadt.

Als von Industrie, Gewerbe und Design geformtes Zentrum des Modernisme dürfte die heutige Millionenmetropole Barcelona gemeinhin eher für jüngere stadtbildprägende Bauten bekannt sein und besucht werden. Da mag es überraschen, dass sich zwischen den Schauplätzen zweier Weltausstellungen, Olympischer Spiele und weiterer Sportgroßereignisse vergleichsweise zahlreich antike Hinterlassenschaften in Spaniens zweitgrößter Stadt erhalten haben.

02 BARCELONA (BARCINO) – EIN MAUERACHTECK MIT BISCHOFSPALAST

Katalonien

Die Vorläufer von Barcino

Bereits in vorrömischer Zeit ist aufgrund der günstigen Lage der Küstenebene – einige Kilometer östlich der Mündung des Llobregat ins Mittelmeer – Siedlungsaktivität im heutigen Stadtgebiet nachzuweisen. Die hier ansässigen *Laietani* wussten schon früh die Vorzüge einer gut geschützten Rundumsicht in 173 m Höhe unweit des Flussdeltas zu schätzen – auf Barcelonas Hausberg Montjuïc hinterließ dieser iberische Stamm bereits im 6. Jh. v. Chr. Spuren in Form von in den Boden eingetieften Getreidespeichern.

Dass mit dem Museu d'Arqueologia de Catalunya (MAC) die Aufbereitung der Prähistorie am Nordhang des Montjuïc (am Passeig de Santa Madrona) eine Heimstatt gefunden hat, wirkt daher stimmig. Seit 1932 widmet sich das Museum an dieser Stelle der regionalen Frühgeschichte – nicht nur Barcelonas. So werden in der erst vor einigen Jahren erneuerten Dauerausstellung etwa auch Funde aus Ampurias präsentiert. Im Vorfeld des Zweiten Punischen Krieges rückte die Landschaft zwischen Ebro und Pyrenäen in das Blickfeld Roms – und das seiner karthagischen Gegner. Es ist denkbar, dass das Toponym *BARKENO*, das auf vereinzelten Fundmünzen der Siedlung auf dem Montjuïc erscheint, einen Hinweis auf die hiesige Präsenz der karthagischen Barkiden in diesen Jahrzehnten gibt. Für die römischen Feldherren waren indes südlicher gelegene Hafenplätze wie *Carthago Nova*, *Valentia* oder *Tarraco* bedeutsamer. Gerade hinter letzterem sollte das benachbarte römische Barcelona noch bis in die Spätantike zurückstehen. Dennoch war die Hafenstadt eine wichtige Station auf der zur Via Augusta erweiterten Hauptküstenroute und wurde von Augustus in Folge der Kantabrischen Kriege als Veteranenkolonie privilegiert – sowie entsprechend ausgebaut.

Colonia Julia Augusta Faventia Paterna – Reste einer Planstadt

Nordöstlich des Montjuïc erstreckt sich heute rund um die Plaça de Sant Jaume das von spätmittelalterlicher Architektur und engen Gässchen geprägte Altstadtviertel mit dem sprechenden Namen Barri Gòtic. Eine von jenem zentralen Platz in Richtung Kathedrale abzweigende kleine Seitengasse, die Carrer del Paradís, weist über Schilder den Weg zu „Columnes Romanes" in einen versteckten Hinterhof, der dann recht unvermittelt den Blick auf ein Tempelpodium aus lokalem Kalkstein mit vier korinthischen Säulen samt Resten des Architravs freigibt (Abb. 8–9).

Neben dem ursprünglich auf einer knapp 12 m hohen Erhebung – dem *Mons Taber* – errichteten frühkaiserzeitlichen Augustustempel, dessen Nordostecke hier sichtbar blieb, befand sich der Straßenmittelpunkt des römischen *Barcino* bzw. der *Colonia Julia Augusta Faventia Paterna*. Unter dem katalanischen Regionalparlament (Palau de la Generalitat), das die Plaça de Sant Jaume auf der Nordwestseite rahmt, wäre dementsprechend das Forum der zu diesem Zeitpunkt wohl nur etwa 2.000 Einwohner zählenden und eine Fläche von 13 ha umfassenden Planstadt zu verorten. Ein sich in 200 bis 250 m Entfernung vom zentralen Platz einmal rund um das Altstadtviertel ziehender schmaler Straßenzug lässt den Verlauf der einstigen, im Zusammenhang der augusteischen Koloniegründung errichteten Stadtmauer und mit ihr die ursprünglichen Dimensionen der römischen Stadt erahnen. Im Zuge einer Restaurierungs- und Verstärkungsphase im 4. Jh. waren jenem Befestigungsachteck 78 Türme hinzugefügt worden, von denen mehr als die Hälfte zumindest in Teilen noch sichtbar blieben. Nicht zuletzt der hier nachzuweisende Verbau von Spolien hat der Stadtarchäologie Barcelonas eine größere Menge von Fragmenten kaiserzeitlicher Epigraphik, Bauplastik und Skulpturen beschert. Einen guten Eindruck von der ursprünglichen Höhe der Mauer, aber auch vom dichten Nebeneinander der Türme gewinnt man entlang der Carrer Sots-Tinent Navarro sowie an der Plaça Nova.

Abb. 8: Die „Columnes Romanes" des einstigen Kapitolstempels finden sich in einer Seitengasse des Barri Gótic.

Museen/ archäologische Stätten

Museu d'Arqueologia de Catalunya (MAC)

Passeig de Santa Madrona, 39-41

Parc de Montjuïc

08038 Barcelona

T. +34 934232149

http://www.macbarcelona.cat/ca/

Museu d'Història de Barcelona (MUHBA)

Plaça del Rei, Eingang an der Casa Padellàs

Baixada de la Llibreteria 7

08002 Barcelona

T. +34 932562100

https://ajuntament.barcelona.cat/museu-historia/ca/muhba-placa-del-rei

Von dort aus 300 m westlich eröffnet die zunächst in den 1950ern und dann noch einmal Anfang des 21. Jhs. ergrabene Nekropole unter der Plaça de la Vila de Madrid einen Blick ins *suburbium* von *Barcino*. Bereits in der Spätantike verschüttet, haben sich hier insgesamt 85 hochkaiserzeitliche Grabstellen erhalten, die im Wesentlichen unteren Einwohnerschichten – auch Sklaven – zuzuordnen sind. Die Anordnung der noch etwas prominenteren, mitunter mit einer halbrunden *cupa*, einem tönernen Deckel, verschlossenen Schachtgräber lässt den Verlauf der einstigen Gräberstraße unter dem jetzigen Platzniveau ersichtlich werden.

Ohnehin wurde die Zusammengehörigkeit der kaiserzeitlichen Fundstellen im und um das Barri Gòtic im Straßenbild gut sichtbar gemacht. Abgesehen von einigen nur eingeschränkt zu besichtigenden römischen *domus*, etwa in der Carrer d'Avinyó oder der Carrer de la Fruita, werden die genannten archäologischen Stätten (neben einer Handvoll weiterer Wegpunkte, insbesondere an markanten Stadtmauerpartien) seit einigen Jahren durch ein Leitsystem aus hoch aufragenden rechteckigen Metalltafeln ergänzt. Diese bieten Rekonstruktionszeichnungen, kurze mehrsprachige Informationstexte sowie eine kartographische Verortung der mittels Nummerierung auch als Rundgang zu verstehenden Stationen.

Als verantwortlich zeichnet hierfür das Museu d'Història de Barcelona (MUHBA), das seinen Hauptsitz seit 1943 in einem beeindruckenden, den mittelalterlichen Königspalast (Palau Reial Major) umfassenden Gebäudeensemble zwischen Kathedrale und römischer Stadtmauer hat (Eingang von der Baixada de la Llibreteria aus). Im Untergeschoss ist auf einer Fläche von 4.000 m^2 ein Grabungsareal aufbereitet worden, das eine komplette Häuserzeile mitsamt der diese als *intervallum* begleitenden Straße umfasst. Hier konnte der Nutzungswandel des in der hiesigen Nordostecke der Stadt gelegenen hochkaiserzeitlichen Handwerksviertels (unter anderem mit Färberei, Weinkeller und *garum*-Produktion) hin zur Überbauung und -prägung durch christliche Kirchenbauten und Nekropolen ab dem 6. Jh. dokumentiert werden. Schließlich lassen sich an dieser Stelle auch palatiale Strukturen nachweisen, die als Teile eines Bischofspalastes zu deuten sind und damit den Konnex zur spätantiken Blüte *Barcinos* bilden.

Streitende Bischöfe, flüchtige Gotenkönige – Barcelona auf dem Weg ins Mittelalter

Noch ohne Palast auskommen musste Praetextatus, der als erster für *Barcino* bezeugte Bischof – und als einer von sechs aus Hispanien – in den 340er Jahren am Konzil von Serdica teilnahm. Mitte der 460er

Jahre sorgte dann die strittige Nachfolge des Barcelonenser Bischofs Nundinarius in Rom für Unmut und provozierte eine entsprechende Intervention durch Papst Hilarius. Einen größeren Einfluss scheinen die klerikalen Eliten vor Ort allerdings erst mit der Verlagerung des Westgotenreiches nach Spanien zu Beginn des 6. Jhs. erlangt zu haben. Sowohl für vereinzelte Abhaltungen von Bischofsversammlungen *in Barcinonae* (540) bzw. *in urbem Barcinonem* (599) als auch für die Residenz eines *comes civitatis* standen in dieser Zeit mit den besagten Bauten im Nordosten der Stadt repräsentative Räumlichkeiten zur Verfügung.

Eine zunehmende Bedeutung gewann die spätantike Stadt außerdem als Refugium für weltliche Herrscher – angefangen bei ihrer kurzzeitigen Funktion im Jahr 410 als Münzprägestätte des gegen Konstantin III. als Gegenkaiser auftretenden Maximus. Nur wenig später, im Jahr 415, verbrachte der Westgotenkönig Athaulf die letzten Monate vor seiner Ermordung hier und auch sein Nachfahre Amalarich fand in der zu dieser Zeit wohl schon häufiger *Barc(h)inona* genannten Stadt 531 den Tod, nachdem er sich, von den Franken im gallischen Septimanien bedrängt, hierher zurückgezogen hatte.

Abb. 9: Ehemals exponiert auf einem Hügel, heute versteckt in einem Hinterhof: die Säulenstellung des frühkaiserzeitlichen Augustustempels.

Der Besuch des Augustus ließ die Stadt für kurze Zeit zur Hauptstadt des Imperium Romanum werden – und prägte ihr Stadtbild für immer. Seit dem 30. November 2000 gehört der römische Denkmalbestand Tarragonas zum UNESCO-Weltkulturerbe.

03 TARRAGONA (TARRACO) – EINE „OFFENE“ PROVINZHAUPTSTADT

Katalonien

Nach dem Tode Francos 1975 ermöglichten administrative Reformen jeder der 17 autonomen Regionen Spaniens, selbst für die Erhaltung ihres archäologischen Erbes einzutreten. In diese Zeit fallen die kartographische Erfassung des historischen Stadtkerns Tarragonas und eine erste systematische Planung von Sanierungsarbeiten respektive Neubauten. So wurden z. B. Teile des römischen Circus ausgegraben und in Läden oder Restaurants integriert (Abb. 10a–c). Die Gründung des Taller Escola d'Arqueologia (TED'A) unter Xavier Dupré i Raventós leitete 1986 die produktivste Phase der Tarragonenser Stadtarchäologie ein, der ein politischer Wechsel im Rathaus jedoch schon drei Jahre später ein abruptes Ende setzte. Seitdem ist die Stadt, die sich eigentlich als zusammenhängendes Ausgrabungsgelände anbietet, in Parzellen aufgeteilt, die unter verschiedene Zuständigkeiten fallen: Autonomie, Kreis, Stadt, Museum, Kirche. Die Probleme, die sich damit bei Notgrabungen wie Neufunden hinsichtlich der Erforschung und Musealisierung ergeben, sind offensichtlich. Daran hat auch die Erklärung des römischen Denkmalbestandes Tarragonas zum Weltkulturerbe durch die UNESCO am 30. November 2000 nichts ändern können.

Abb. 10a–c: Elemente des römischen Circus – ausgegraben, musealisiert und in die aktuelle Lebenswelt der Tarragonenser integriert:
a) Alimentació El Pòdium
b) Pizzeria Pulvinar
c) La Caixa.

Abb. 11: Das Amphitheater mit den Überresten der Kirche Santa Maria del Miracle aus dem 12./13. Jh., die auf der Basilika vom Ende des 6. Jhs. aufsetzt.

Vom Scipionum opus zur Colonia Iulia Urbs Triumphalis Tarraco

Tarraco wurde im Zuge des Zweiten Punischen Krieges an der Ostküste der Iberischen Halbinsel, zwischen der Mündung des *Iberus* (Ebro) und den Höhenzügen der Pyrenäen, von den Brüdern Scipio angelegt. Ihr Hafen verdiente Strabon zufolge diese Bezeichnung nicht – Schiffe konnten hier nämlich nicht aufs Land gezogen werden und überwintern –, sondern glich wohl eher einer *statio*, einer mehr oder minder geschützten Reede, an der die Schiffe vor Anker gehen konnten: Zwischen 217 und 211 v. Chr. landeten hier rund sechs Legionen an.

Das Bild dieser Stadt, die sich – geschützt von Mauern aus „Kyklopen-Steinen" mit starken Türmen und mächtigen Toren (Passeig Arqueològic, Avinguda Catalunya) – seit der Zeitenwende über ein Territorium von ungefähr 70 ha erstreckte, prägten die Bauten des munizipalen und provinzialen Kaiserkults. Sie ließen die Zweiteilung der Anlage, die durch die natürliche Topographie vorgegeben war, gleichsam manifest werden: Im unteren Bereich *Tarracos*, in der Nähe des Hafens, dort, wo sich bereits ein iberisches Oppidum mit Namen *Cissis* oder *Kesse* befunden hatte, erstreckten sich nun das Forum samt Basilika und Augusteum (Carrer Lleida), Wohnbauten und ein Theater (Carrer de Sant Magí 1). Den oberen Bereich der Stadt auf dem Felshügel von etwa 80 m Höhe dominierte dagegen seit den Flaviern ein monumentaler Kult-Komplex: Die *arx* beherbergte die Bauten des *concilium provinciae*

Abb. 12a–c:
a) Sesterz aus der Zeit des Tiberius (nach 15 n. Chr.), der den Altar des Augustus mit dem „Palmen-Wunder" zeigt, von dem Quintilian in seiner *Institutio oratoria* 6,3,77 berichtet.
b) Sesterz aus der Zeit des Tiberius (nach 15 n. Chr.) mit der Darstellung eines achtsäuligen Tempels korinthischer Ordnung über einem griechischen Stylobat.
c) Sesterz aus der Zeit des Tiberius (nach 21–22 n. Chr.) mit der Darstellung eines achtsäuligen Tempels korinthischer Ordnung über einem Podium.

Hispaniae citerioris, d. h. auf drei Terrassen, die ein Areal von etwa 12 ha einnahmen, einen Kultbezirk, einen Repräsentationsplatz (Plaça del Rei) und einen Circus (Rambla Vella 2), erweitert um ein in unmittelbarer Nähe liegendes Amphitheater (Parc de l'Amfiteatre romà) (Abb. 11, S. 29).
Augustus hatte *Tarraco* zweimal einen Besuch abgestattet. Er hatte es in den Rang der Hauptstadt der gesamten *Tarraconensis* und eines ihrer sieben *conventus* erhoben, und schließlich hatte seine Anwesenheit die Stadt – wenn auch nur zeitweise – zur Hauptstadt des Imperium Romanum werden lassen. Ihre Einwohner haben ihm mit der Errichtung eines Tempels gedankt, den sie – wie einen ihm geweihten Altar – auch auf ihren Münzen abbildeten (Abb. 12a–c). Das Amt des provinzialen Oberpriesters, des *flamen provinciae Hispaniae citerioris*, der im Kult die Verehrung der Provinz zu bezeugen und die damit verbundenen Spiele wie auch Wagenrennen auszurichten hatte, galt als das höchste, das die Provinz an einen der ihren zu vergeben hatte. Rund 75 *flamines* sind aus den ersten drei nachchristlichen Jahrhunderten bekannt. Die Wahlen fanden jährlich im Provinziallandtag statt; das römische Bürgerrecht war unabdingbar, Reichtum und Sozialprestige dürften hilfreich gewesen sein. In ihren Aufgabenbereich fielen neben der Verrichtung des Kultes die Teilnahme an den Sitzungen des Stadtrates und die Vertretung der Interessen des Provinziallandtages in Rom. Die Kandidaten stammten nicht nur aus der Provinzhauptstadt selbst, sondern auch aus kleineren Munizipien des Hinterlandes wie z. B. *Segobriga* (Saelices, Cuenca). *Tarraco* bot ihnen auf der Ebene des individuellen *cursus* eine soziale Mobilität, die bis nach Rom führen konnte, und profitierte im Gegenzug von ihren finanziellen Ressourcen. Dieses „Angebot" galt auch für die städtischen Magistraturen; auch hier standen Ortsfremden prinzipiell die gleichen Möglichkeiten offen: Manche blieben nur für die Zeit ihrer Amtsübernahme, einige übersiedelten endgültig. Eine fest umrissene, genuin städtische Elite existierte in *Tarraco* also nicht; vielmehr stellten die Eliten der Provinzstädte temporär – bspw. bis sich die Möglichkeit zu einer reichsweiten Karriere ergab – die Elite ihrer

Hauptstadt. Diese konstituierte sich auch aus Rittern und Senatoren, sofern diese weiterhin intensive Verbindungen mit ihrer Heimatprovinz unterhielten. *Tarraco* brachte mindestens 13 Ritter und 7 Senatoren hervor, die Mehrzahl im Zeitraum zwischen den Jahren 69 und 138 n. Chr. und mithin in der Zeit, in der die Präsenz der Hispanier in Rom – nicht zuletzt durch Traian und Hadrian – am stärksten war.

Die civitas christiana

Eine Ehrenstellung unter den Städten der Iberischen Halbinsel verdankt *Tarraco* dem Prudentius zufolge der Tatsache, dass die machtvolle Dreifaltigkeit die Stadt mit gleich drei Märtyrern krönte. Nach dem Zeugnis der *Acta martyrum* hatte der Statthalter der *Hispania Citerior*, Aemilianus, Bischof Fructuosus zusammen mit seinen Diakonen Augurius und Eulogius am 16. Januar 259 n. Chr. festnehmen und sechs Tage später im Amphitheater bei lebendigem Leib verbrennen lassen; grausam, aufbrausend, überheblich, ruchlos nennt der Dichter ihn. Das Volk litt mit ihnen; sie seien nämlich nicht nur von ihren Glaubensbrüdern geliebt worden, sondern auch von den Heiden. Jedenfalls kamen alle gemeinsam der Mahnung des Bischofs nach, die Überreste zu verwahren und bestatteten sie im *suburbium*, im Bereich der Nekropole, die sich am Ostufer des *Tulcis* (Francolí) erstreckte. Damit schufen sie sich die *sedes sanctorum*, an der sie fortan ihre Angehörigen zur letzten Ruhe betten konnten; hier waren sie ihrem mächtigen Patron bei Gott nah. Zu Beginn des 5. Jhs. ersetzte eine Basilika mit Baptisterium die bisherige *memoria*. Diesen Komplex ergänzte ebenfalls in dieser Zeit nur etwa 130 m nördlich – neben einem Mausoleum, einer *domus* und landwirtschaftlichen Nutzbauten – eine weitere Basilika, und zwar eine für Hispanien bisher beispiellose Atriumbasilika mit Bestattungen, an die sich möglicherweise noch ein Kloster anschloss. Parallel zum Bau der Basiliken respektive eines „Pilgerzentrums" erfolgte der Ausbau der Infrastruktur, so dass das *suburbium* schließlich vom Hafen aus, der in dieser Zeit einen regelrechten Aufschwung erfuhr, direkt zu erreichen war. Gegen Ende des Jahrhunderts ließ die Nutzung dieses Areals mit insgesamt rund 3.000 Bestattungen jedoch nach (Avinguda de Ramón y Cajal 84); die Tarraconenser betteten ihre Toten nun vorzugsweise auf der Südseite der *arx* zur letzten Ruhe, 650 m nordwestlich der Stadtmauern (Mas Rimbau). Neben stadtrömischen figürlichen Reliefsarkophagen aus dem 4. Jh. sind jetzt auch nicht marmorne Schmucksarkophage aus Karthago sowie verstärkt Stücke aus einheimischem Werkstattbetrieb vertreten. Und gegen Ende des 6. Jhs. errichteten die Christen *Tarracos* im Amphitheater und damit am Ort des Martyriums eine dreischiffige Säulenbasilika (vgl. Abb. 11, S. 29).

Museen/ archäologische Stätten

Museu nacional de arqueològic de Tarragona (MNAT)

Plaça del Rei, 5

43003 Tarragona

T. +34 977236209

http://www.mnat.cat/

Museu d'història de Tarragona (MHT)

Casa Museu Castellarnau

Carrer dels Cavallers, 14

43003 Tarragona

T. +34 977242220

https://www.tarragona.cat/patrimoni/museu-historia

Mit dem Neubau, den vielleicht die häufigen Überschwemmungen des *Tulcis* notwendig hatten werden lassen, mag auch eine *translatio* der Reliquien einhergegangen sein. Denn bereits im Laufe dieses Jahrhunderts hatten die Bischöfe den Bau jeweils einer Kirche auf dem einstigen Repräsentationsplatz des Provinziallandtages und im ehemaligen Kultbezirk der arx, und zwar an der Stelle, an der sich einst der Tempel des Augustus befunden haben soll, veranlasst: Ebendort erhob sich jetzt die Kirche *Sancta Iherusalem*. Auf der obersten Terrasse war zudem direkt an der äußeren Mauer auf der Ostseite des Kultbezirkes ein Bischofspalast entstanden. Von den Bischöfen selbst sind außer den Namen, die sie als Verfasser von Briefen ausweisen oder auf ihre Einbindung in Entscheidungsprozesse verweisen, nur wenige Informationen überliefert, die ihre Wahrnehmung als Amtsinhaber ermöglichen (Abb. 13). Eine Abfolge im Sinne einer Liste ist erst ab Himerius zu fassen, der sich im Herbst 384 angesichts der bedrohlichen Zustände der Gemeinde- und Klerikerdisziplin an Damasus von Rom gewandt hatte und endet mit der Teilnahme des Tarraconenser Metropoliten Vera auf dem 16. Konzil von Toledo 693. Offensichtlich ermöglichte die funktional herausragende und außergewöhnlich „offene“ Elite, die die Provinzhauptstadt im Laufe ihrer beinahe 1.000-jährigen Geschichte ausbildete, *Tarraco* ein bis zum Einfall der Araber zwar Transformationen unterworfenes, aber kontinuierliches Dasein.

Abb. 13: Das Grabmosaik des Optimus aus dem 1. Viertel des 5. Jhs.

Ein Ausflug in das 5. Jh. n. Chr., der sich lohnt: die Kirchenfamilie (Santa María, San Pedro und San Miguel) von *Egara*.

04 TARRASA (EGARA) – EINE KIRCHENFAMILIE AUS DEM 5. JH.

Nur 28 km nordwestlich von Barcelona findet sich in Tarrasa, am Zusammenfluss von Villparadís und Mober gelegen, ein wahres Kleinod westgotischer Kirchenbaukunst: eine Kirchenfamilie, die die drei Kirchen Santa María, San Pedro und San Miguel mit einzigartigen Wandmalereien aus dem 6. Jh. umfasst. Es war Bischof Nundinarius von *Barcino* gewesen, der einen gewissen Irenäus in *Egara*, einem Munizipium aus flavischer Zeit, wohl im Jahre 465 zum Bischof eingesetzt hatte. Damit hatte er gewissermaßen eine neue Diözese geschaffen: Während der Küstenstreifen weiterhin zu *Barcino* gehörte, war für das Hinterland nun *Egara* zuständig. In diese Zeit fällt eine auffallende Monumentalisierung der Kirchenbauten, so dass es naheliegt, in Irenäus den Bauherren zu sehen. Jedenfalls war die Drei-Kirchen-Anlage in Bischofsstädten durchaus üblich; auch Valencia verfügte bereits in westgotischer Zeit über eine solche und auch dort waren die Kirchen Maria, Petrus und Michael geweiht. Einzigartig ist hier allerdings der Erhaltungszustand des Ensembles; dabei halten die Forschungsdiskussionen an, ob die Kirchen zur Zeit der Westgoten oder erst mit Beginn der Reconquista, also im 9. Jh., entstanden.

Im Norden des Geländes (oder links vom Eingang) befindet sich die Kirche des Apostels Petrus, die größte der drei Kirchenbauten (Abb. 14, S. 34). Ursprünglich dreischiffig besitzt die Basilika heute nur noch ein Schiff, das von einem Tonnengewölbe gedeckt wird. Das Chorhaupt, das als Drei-Konchen-Chor angelegt war, sowie das Querhaus stammen aus vorromanischer Zeit. Im Zentrum liegt die dem Erzengel Michael geweihte Kirche, die wohl als Grablege fungierte. Sie ist die einzige, die in ihrer ursprünglichen Anlage erhalten ist: als quadratischer Bau, dessen Mittelquadrat von einer Kuppel gedeckt wird, die ihrerseits acht Spoliensäulen tragen; vier der Kapitelle sind spätrömisch. Unter der Apsis befindet sich eine Dreikonchenkrypta, die der Verehrung des heiligen Celedonius von Calahorra (*Calagurris*) diente, dessen Reliquien hier offensichtlich aufbewahrt wurden. Schließlich folgt im Süden die der Mutter Gottes geweihte Kathedrale; ihr Grundriss entspricht einem lateinischen Kreuz. Ursprünglich verfügte sie über drei Schiffe, heute ist das Langhaus einschiffig und stammt ebenso wie das Querschiff aus

Museen/ archäologische Stätten

Plaça del Rector Homs, s/n

08222 Terrassa

T. +34 937833702

http://www.turismo-prerromanico.com/es/visigodo/monumento/-20130302121748/

Abb. 14: Die Kirchenfamilie mit – von links nach rechts – den dem Apostel Petrus, dem Erzengel Michael und der Mutter Gottes geweihten Bauten.

romanischer Zeit, während die Apsis vorromanisch datiert. Alle drei Kirchen bewahren Malereien, die teilweise in Fresko-Technik ausgeführt sind und als „partikular, nicht vergleichbar" gelten – ein *unicum*, das einen Besuch lohnt!

Als küstennahes agrarisches Zentrum eingebunden in ein überregionales Handelsnetz wuchs die befestigte Doppelstadt von Ullastret seit dem 6. Jh. v. Chr. zum größten iberischen Fundkomplex in Katalonien heran.

05 ULLASTRET – EIN IBERISCHER HAUPTORT IM AUSTAUSCH MIT MEDITERRANEN HANDELSPARTNERN

Umgeben von den landwirtschaftlich genutzten Ebenen der einstigen Grafschaft Empordà liegt das mittelalterlich geprägte Dorf Ullastret. Schon der prähistorische Vorgänger dieser Ortschaft wusste die günstige Lage am Daró, einem rechten Nebenfluss des Ter, sowie die Nähe zum rund 10 km entfernten Mittelmeer zu nutzen. Getreideüberschüsse, hier durch mehrere hundert Silos bezeugt, fanden zudem über bereits in iberischer Zeit angelegte Straßen ihre Abnehmer unter den an der Küste aktiven mediterranen Anrainern.
So folgte auf erste kupfersteinzeitliche Spuren und eine früheisenzeitliche Siedlung des späten 7. Jhs. aus runden und ovalen, teilweise in den Boden eingetieften Hütten bald darauf eine iberische Stadt mit einem sich offenbar an griechischen Vorbildern orientierenden Straßensystem. Zahlreiche ausgemauerte und wasserdicht verputzte Zisternen sowie unter Nutzung lokal abgebauten Sandsteins auf mehreren Terrassen errichtete rechteckige Häuser von durchschnittlich 20 m² Fläche bildeten weitere Eigenheiten der Stadtanlage. Des Weiteren zeugen phönizische, etruskische und dann v. a. griechische Importe von technologischen und stilistischen Einflüssen, die sich auch in der Produktion der außerhalb der Stadtmauern nachgewiesenen metallurgischen und keramischen Werkstätten äußerten. Auffälliges Merkmal des Gemeinwesens, das als Hauptort der *Indiketes* insbesondere im 4. Jh. v. Chr. florierte und – wahrscheinlich in der Folge des 195 v. Chr. von den Römern in der Region niedergeschlagenen Aufstandes – in der 1. Hälfte des 2. Jhs. aufgegeben wurde, war zudem die dichte Besiedlung in gleich zwei separat befestigten Zentren.

Das Oppidum und der Hügel im See

Vorrangig wird mit dem Namen Ullastret das 2 km nordöstlich des heutigen Dorfes gelegene iberische Oppidum auf dem 54 m hoch anstehenden Puig de Sant Andreu verbunden. Seit 1947 wurde hier kontinuierlich gegraben, zunächst für fast drei Jahrzehnte unter der

Abb. 15: Die Siedlung auf dem 54 m hohen Puig de Sant Andreu war bereits im 6. Jh. v. Chr. erstmals befestigt worden.

Verantwortung des Archäologen Miquel Oliva i Prat. Zusätzlich zu der durch einen Graben, neun Türme und ebenso viele Tordurchlässe ausgeklügelt angelegten Befestigungsanlage, die mehrere Bauphasen seit dem späten 6. Jh. v. Chr. erlebte (Abb. 15), stand bei den Kampagnen die Erschließung des heiligen Bezirks mit seinen drei Antentempeln aus dem 4. und 3. Jh. im Fokus.
Sie werden von den Ruinen einer kleinen karolingischen Burg gesäumt, die das Areal bis zur Mitte des 10. Jhs. in Beschlag nahm. Direkt nebenan befindet sich – teilweise die Strukturen einer Kirche aus dem 13. Jh. einbeziehend – seit 1961 das kleine Museum der Grabungsstätte, das als besondere Exponate unter anderem elfenbeinerne Schmuckgegenstände und bleierne Täfelchen mit iberischen Inschriften präsentiert.
Der heute mit nur noch 13 m Höhe eher unscheinbare und nicht öffentlich zugängliche zweite (in der eisenzeitlichen Phase noch der bedeutendere) Siedlungsschwerpunkt des iberischen Ullastret lag rund 600 m nördlich des jetzigen Museums und war ursprünglich nur über einen künstlichen Damm zu erreichen. Die einstige Insellage jenes heute durch ein Halbrund aus Bäumen eingefassten Fundplatzes Illa d'en Reixac ist nur dann noch zu erahnen, wenn die im 19. Jh. an der Stelle des nun trocken gefallenen Sees umliegend angelegten Äcker nach starken Regenfällen teilweise wieder geflutet werden.
In beiden Siedlungszentren wurden einzelne bis zu 800 m² große, über Höfe und mitunter ein zweites Geschoss verfügende Mehrraum-Komplexe ergraben, die als Wohnhäuser der städtischen Eliten ab der Mitte des 4. Jhs. gedeutet werden. Tierische Bauopfer und die Deponierung von La Tène-Schwertern einerseits und abgetrennter und genagelter menschlicher Schädel anderseits sind im Kontext dieser Befunde aussagekräftig für das Festhalten an älterer Kultpraxis in Ullastret auch unter zunehmenden hellenistischen Einflüssen.

Museen/ archäologische Stätten

Museu d'Arqueologia de Catlunya (MAC) Ullastret

Afores, s/n
Puig de Sant Andreu
17114 Ullastret
T. +34 972179058
http://www.macullastret.cat/

Auch wenn der römische Dichter Martial die Schwefelquellen unweit von *Bilbilis* zu preisen wusste, zog es ihn in die Reichshauptstadt. Zum Ende seines Lebens lernte er aber wieder die urbanen Qualitäten seiner Heimatstadt schätzen.

06 CALATAYUD (BILBILIS) – EIN KLEINES ROM FÜR DEN AUS DER URBS HEIMGEKEHRTEN

Aragonien

Gelegen auf steilem Felsen und von den schnellen Wassern des *Salo* umflossen – so beschrieb Martial in einem seiner Epigramme treffend seine Heimat *Augusta Bilbilis*. Der im Jahr 40 n. Chr. hier geborene und sicherlich berühmteste Sohn der Stadt hatte auch nach knapp dreieinhalb Jahrzehnten Wirken in der Hauptstadt Rom die markante Topographie des kleinen Munizipiums am Ostrand des Iberischen Gebirges noch deutlich vor Augen. In einer Schleife des *Salo* (dem heutigen Jalón) und auf der Nordseite wiederum von dessen Zulauf Ribota geschützt, erhob sich die nur von Westen aus zugängliche Stadt auf mehreren engen und daher nur kleinteilig bebauten Terrassen 200 m über den beiden Flusstälern. Nördlich oberhalb des Siedlungsareals gewähren die beiden von der Stadtmauer eingefassten Hügelkuppen bis heute einen weiten Rundumblick.

Durch die strategisch günstige Lage war *Bilbilis* – der Name ist mutmaßlich von einer früheren Bezeichnung für den *Salo* abgeleitet – bereits im 2. Jh. v. Chr. als Vorort der keltiberischen *Lusones* bedeutsam, was sich bereits kurz darauf in einer eigenen Münzprägung niederschlug. Deren Legenden spiegeln infolge den Wandel am mittleren Ebro in spätrepublikanischer Zeit wider: *BILBILIS ITALICA* zeigte den frühen Anteil von Siedlern aus den römischen Kernlanden in der Stadt und das im Jahr 2 v. Chr. erstmalig erscheinende *MVN AVGVSTA BILBILIS* weist auf die dann unter dem ersten *princeps* erfolgte Privilegierung hin.

Auffälligstes Relikt der frühen Kaiserzeit ist aber das monumentalisierte Stadtzentrum, das man nach wenigen 100 m vom Centro de Interpretación (dem Interpretationszentrum) an der westlichen Zufahrt des Hügels aus erreicht (Abb. 16, S. 38).

Hier passiert man zunächst das in den Hang gebaute Theater (mit seinem noch in Resten erhaltenen Bühnengebäude), dessen Fassungsvermögen auf bis zu 6.000 Zuschauer geschätzt wird. Für die vermutlich 3.500 Einwohner der 30 ha großen antiken Siedlung dürfte der Bau überdimensioniert gewesen sein und daher überregionale Bedeutung besessen haben. Gleiches dürfte für das sich direkt östlich und südöstlich anschließende Forumsareal gegolten haben, das sich auf einer

Museen/ archäologische Stätten

Yacimiento de Bilbilis/Centro de interpretación de Bilbilis

Carretera Embid km 1,5

50300 Calatayud (Zaragoza)

T. +34 976886322

http://redaragon.elperiodicodearagon.com/turismo/que_hacer/default.asp?accion=pagina&cosaquehacer_id=1566

Museu de Calatayud

Plaza de Santa Teresa, s/n

50300 Calatayud (Zaragoza)

T. +34 976897816

https://sites.google.com/site/museodecalatayud/

Abb. 16: Auch ohne aufgehende Strukturen dominiert das in trajanischer Zeit noch einmal ausgebaute Forum das Stadtgebiet über dem Tal des Jalón.

künstlich aufgehöhten Terrasse ein gutes Stück nach Süden über den natürlichen Abhang hervorschob. Die allseitig von Portiken eingefasste zweigeteilte Platzanlage, in deren Zentrum eine 6 m hohe Freitreppe das Podium eines Tempels für die kapitolinische Trias zugänglich machte, dürfte entsprechend eine auffällige, durch die heute noch sichtbaren Substruktionen leicht zu erahnende Fernwirkung gehabt haben. Darüber hinaus weisen im Nordwesten der Stadt einige *domus* aus bereits spätrepublikanischer Zeit Wandmalereien in gutem Erhaltungszustand auf und im direkt nebenan gelegenen größeren Thermenkomplex, dessen Architektur durch ein rezentes Schutzdach nachgeahmt wird, fallen die erhaltenen Nischen in den Wänden des *apodyterium* ins Auge. Der laut Martial für seine Metallverarbeitung bekannte Ort konnte ab dem 3. Jh. n. Chr. jedoch nicht mehr an seine frühkaiserzeitliche Blüte anschließen und scheint spätestens im 5. Jh. aufgegeben worden zu sein. Im knapp 5 km südwestlich gelegenen Calatayud, einer maurischen Gründung, kann im 1972 eröffneten (und 2010 um einen Neubau erweiterten) städtischen Museum das archäologische Fundspektrum des römischen *Bilbilis* begutachtet werden. Zu den herausragenden Objekten gehören hier mehrere Kaiserporträts, darunter auch ein erst 2009 entdeckter Augustus im Typus *capite velato*.

Was Leidenschaft für die Archäologie bewirken kann, zeigt sich jeden Sommer erneut: die Wiederentstehung einer Stadt zwischen Zaragoza und Pamplona, in den Cinco Villas de Aragón. Nur ihr Name fehlt noch.

07 LOS BAÑALES (TARRACA) – EINE STADT OHNE NAMEN

Dass ein Wunsch ein sehr nachhaltiger Vater des Gedankens sein kann, zeigt das Ausgrabungsgelände von Los Bañales: Etwa 95 km von Zaragoza und rund 15 km von Uncastillo entfernt gelegen, im Landkreis der sog. Cinco Villas de Aragón, hat es in den letzten Jahren spektakuläre Funde hervorgebracht. So vergeht seit 2009 kein Sommer und mithin keine Kampagne, die nicht mit Sensationen aufgewartet hätte und sogleich publikumswirksam in Szene gesetzt worden wäre – in den sozialen Netzwerken und auf dem Blog www.losbañales.es, aber auch am „Tag der offenen Tür", in Führungen, Workshops, Tagungen und Publikationen. Javier Andreu Pintado (Universidad de Navarra), der Arbeiten aus den 40er und 70er Jahren des letzten Jahrhunderts fortführt und hierin durch die *Fundación Uncastillo* und die *Dirección General de Patrimonio del Gobierno de Aragón* unterstützt wird, lässt so Schritt für Schritt *Tarraca* wiederentstehen: eine Stadt im Ebro-Tal und auf dem Territorium der *Vascones* in einer Größe von etwa 24 ha, die seit der administrativen Reorganisation der Iberischen Halbinsel durch Augustus zum *conventus Caesaraugustanus* gehörte und wohl unter den Flaviern den Status eines Munizipiums erhielt. Sie lag an der Straße zwischen *Caesaraugusta* und *Pompaelo* (Pamplona), die ihrerseits die

Abb. 17: Die Thermen vom Ende des 1. Jhs. n. Chr., die dem Ort seinen Namen gaben.

Abb. 18: Blick von den Wohnbauten auf dem Pueyo in das Tal, im Hintergrund der Aquädukt vom Ende des 1. Jhs. v. Chr.

beiden Häfen *Tarraco* und *Oiasso* (Irún), das Mittelmeer mit dem Atlantik, verband. Plinius der Ältere kennt eine Stadt solchen Namens (Naturgeschichte 3,24); allerdings ist diese Bezeichnung vor Ort bisher durch kein inschriftliches Zeugnis gesichert.

Jedenfalls dürfte der moderne Name des Ortes von dem Aquädukt und den Thermen herrühren, die ihrerseits der dortigen Kapelle Nuestra Señora de Los Bañales im 17. Jh. zu ihrem Namen verhalfen (Abb. 17, S. 39). Abgesehen von diesen beiden Elementen der Infrastruktur ist das Forum aus augusteischer Zeit bekannt, das auf der untersten der insgesamt drei Terrassen des Pueyo (567 m) liegt, auf der Westseite durch *tabernae* und auf der Ostseite durch eine Straße auf die Anhöhe begrenzt. Es beeindruckt unter anderem durch eine Skulpturenausstattung aus julisch-claudischer Zeit und Dedikationen für Tiberius und Lucius Caesar, aber auch durch epigraphische Monumente der lokalen Elite. Wohnbauten fanden sich bereits in vorrömischer Zeit auf dem Pueyo (Abb. 18), von wo sie sich dann offensichtlich auf das *suburbium* südöstlich und östlich des Stadtbergs ausweiteten. Neben den Thermen wurden zudem Werkstätten zutage gefördert, in denen auch kommerzielle Aktivitäten nachweisbar sind.

Offensichtlich wurde die Stadt bereits im 3. Jh. n. Chr. insofern aufgegeben, als sich die Eliten auf ihre Landgüter und ein Teil der Bevölkerung auf den Pueyo zurückzogen, den sie noch bis ins 9. Jh. nutzten – eine Entwicklung, die bereits unter Mark Aurel eingesetzt hatte. Die mithin kurze Zeit städtischer Existenz in einer Lage, die in der frühen Kaiserzeit ja offensichtlich als geostrategisch bedeutsam galt, überrascht: War die Stadt strukturell und hinsichtlich ihrer Institutionen von Beginn an zu fragil? Gab es wirtschaftliche Gründe, die auf einmal virulent wurden? Man darf also gespannt bleiben, zu welchen Ergebnissen die Arbeiten kommen werden und nicht zuletzt, ob es sich tatsächlich um besagtes *Tarraca* handelt.

Museen/ archäologische Stätten

Espacio Los Bañales

Oficina de Turismo de Uncastillo

Calle Ramón y Cajal, 2ª

50678 Uncastillo

T. +34 976676716

http://www.losbanales.es/

http://www.fundacionuncastillo.com/

Eine Stadtgründung für die Veteranen aus den Kriegen gegen Asturer und Kantabrer im Ebro-Tal, die durch die Regelhaftigkeit ihrer Anlage wie ihre Dauerhaftigkeit beeindruckt.

08 ZARAGOZA (CAESARAUGUSTA) – AUGUSTUS, DER STÄDTEGRÜNDER

Aragonien

Sie ist die einzige Stadt auf der Iberischen Halbinsel, die seinen Namen trägt: Wohl um 15 v. Chr. legt Augustus im Rahmen seiner dritten Reise nach Hispanien die *Colonia Caesar Augusta* dort an, wo sich seit der 2. Hälfte des 3. Jhs. *Salduie*, das Oppidum der *Sedetani* befunden hatte und also im Zentrum der Region zwischen den Pyrenäen und dem Kastilischen Scheidegebirge, die als „trifinio paleohispánico" gelten kann. Denn hier existierten mit der iberischen im Osten, der keltischen im Westen und der vaskonischen im Norden gleich drei Kulturen – am Zusammenfluss von Ebro, Huerva und Gállego – dort, wo natürliche Wege und Straßenachsen zusammenkommen. Die Stadt war für die Veteranen aus dem Krieg gegen die Asturer und Kantabrer bestimmt, der die militärische Landnahme 19 v. Chr. abschließt. Ihre Ernennung zum Hauptort des *conventus Caesaraugustanus* ließ sie zum Mittelpunkt einer Reihe von privilegierten Städten – unter anderen *Bilbilis*, *Celsa* (Velilla de Ebro) und *Calagurris* (Calahorra) – werden. Rom ist zu diesem Zeitpunkt bereits seit über einem Jahrhundert im Ebro-Tal präsent; seine Vertreter vor Ort kannten die Region inzwischen gut genug, um zu wissen, welche Gebiete sich für eine Stadtgrün-

Tipp

Internetauftritte der örtlichen archäologischen Museen entlang der innerstädtischen "Ruta de Caesaraugusta":

https://www.zaragoza.es/ciudad/museos/es/teatro

https://www.zaragoza.es/ciudad/museos/es/termas

https://www.zaragoza.es/ciudad/museos/es/foro

https://www.zaragoza.es/ciudad/museos/es/puerto

Abb. 19: Der Eingang zum römischen Forum ist spektakulär – er erfolgt durch einen Kubus aus Onyx-Platten, der sich neben der Kathedrale auf der Plaza de la Seo befindet.

Abb. 20: Teil der Hafenanlagen aus dem 1. Jh. n. Chr., die sich in der Nordostecke des Forums befanden.

dung eigneten, welchen Verkehrswegen entscheidende Bedeutung zukam und welche lokalen Eliten einer Zusammenarbeit nicht abgeneigt waren – Kriterien, die bspw. *Celsa*, eine Gründung des Lepidus aus dem Jahre 44 v. Chr., mit ihrer für eine Kontrolle der Territorien des Ebro-Tals zu „exzentrischen“ Position nicht erfüllte.

Die Stadt beeindruckte hinsichtlich ihrer baulichen Ausgestaltung durch die Regelhaftigkeit ihrer Anlage auf einem Territorium von 900 x 500 m, also rund 44 ha: mit einem Forum (Plaza de la Seo 2) (Abb. 19, S. 41) an der Kreuzung von *decumanus maximus* (calle Mayor – calle Espoz y Mina – calle Manifestación) und *cardo* (calle de Jaime I) aus der Zeit des Augustus, das sich zum Fluss hin öffnete. Der Flusshafen (Plaza San Bruno 8) (Abb. 20) verlieh der Platzanlage, die unter Tiberius um einen Tempel ergänzt wurde, zuvörderst einen kommerziellen Charakter. Zu dieser Zeit begann man auch mit dem Bau des Theaters (Calle San Jorge 12), das Platz für etwa 6.000 Zuschauer bot. Es orientierte sich am Marcellus-Theater in Rom und sollte um 50 n. Chr. fertiggestellt sein. Ebenfalls um die Jahrhundertmitte entstanden die Thermen (Calle San Juan y San Pedro 3–7) sowie öffentliche Bauten, die das Stadtbild vervollständigten. *Caesaraugusta* erlebte seine Blütezeit in den ersten beiden nachchristlichen Jahrhunderten, in denen Mitglieder seiner sozialen Eliten nicht nur im Provinziallandtag von *Tarraco*, sondern auch in der Reichsaristokratie repräsentiert waren. Schließlich konnte es Prudentius zufolge allein unter der Gesamtheit der hispanischen Städte mit 18 Märtyrern aufwarten und war damit unter christlichen Auspizien bedeutsamer als die Provinzhauptstadt *Tarraco*. Nicht nur die Aufgabe von *Celsa*, sondern auch die Bedeutung von *Caesaraugusta* als Mittelpunkt dieser Region bis in die Zeit der Umayyaden und darüber hinaus zeigen mithin, dass Augustus‘ Entscheidung auf der Grundlage des damaligen Erfahrungshorizontes richtig war und mithin als weiteres Beispiel seiner umsichtigen Städteplanung gelten darf – Horaz nannte ihn zurecht den „Vater der Städte“.

Mildes Klima, Früchte, markante Höhenlagen und zahlreiche Buchten – das touristische Pfund, mit dem die Costa Blanca noch heute wuchert, zog bereits in der Antike Iberer, Karthager und Römer in die Umgebung des heutigen Alicante.

09 ALICANTE (LUCENTUM) – LICHT UND (HOCHHAUS-)SCHATTEN

Die fast 30 km breite Einbuchtung zwischen der Halbinsel Santa Pola im Süden und dem Cap de l'Horta im Norden, an der sich heute die Großstadt Alicante mitsamt ihrer Ausläufer erstreckt, war bereits antik lediglich ein Teil einer größeren küstennahen Kulturregion. Erschloss der noch einmal einige Kilometer weiter südlich ins Mittelmeer mündende Segura das iberische Binnenland der hier siedelnden *Contestani*, so boten gleichermaßen mehrere geschützt gelegene Strände und einige vorgelagerte Inseln mediterranen Händlern und Kolonisten günstige Anlaufpunkte. Für die Karthager, die im letzten Drittel des 3. Jh. v. Chr. ihre territorialen Besitzungen in dieser Gegend ausbauten, war der Küstenabschnitt nördlich von *Carthago Nova* auch wegen seiner Nähe zu den Balearen von strategischer Bedeutung.
Der „weiße Felsen" – das in griechischen Quellen als ein Vorposten der karthagischen Barkiden bezeugte *Akra Leuke* – ließe sich verlockend mit den hellen Gesteinsformationen des 167 m hohen Bergs Benacantil in Verbindung bringen, der die Altstadt von Alicante überragt. Auch wenn die heute an dieser Stelle als Wahrzeichen thronende Festungsanlage, das im Kern aus dem 9. Jh. stammende Castillo de Santa Bárbara, bis in die Bronzezeit zurückreichende Siedlungsspuren aufweist, verknüpft man die karthagische Befestigungsanlage heute eher mit dem 3,5 km nordöstlich – im Stadtteil La Albufereta – gelegenen Hügel El Tossal de Manises.
Auf jenem 38 m hohen Plateau hatte man während Grabungen v. a. der frühen 1930er Jahre eine mit Rechtecktürmen in dichten Abständen gesicherte antike Burg entdeckt, die – ebenso wie die benachbarte Nekropole – ein sowohl punisches als auch iberisches Fundspektrum zeigte. Als Hafenbecken gehörte auch die inzwischen verlandete, ursprünglich aber etwa 250 m ins Landesinnere reichende Lagune im Bereich des jetzigen Strands von Albufereta zu jener gemeinschaftlichen Siedlung, die mit dem römischen Vordringen in diese Gegend zunächst einen Einbruch erlebte.

Abb. 21: 38 m hoch, aber von den Hochbauten des modernen Alicante überragt – der antike Siedlungshügel Tossal de Manises.

Vom „weißen Felsen" zum „lichten Platz"

Erst mit Verzögerung lernten die neuen Herren der *Hispania Citerior* den militärischen Charakter der übernommenen Anlage auf dem Tossal de Manises zu schätzen, die sie nunmehr – wohl in Umdeutung des griechischen Toponyms, vielleicht aber auch von den natürlichen Lichtverhältnissen beeinflusst – *Lucentum* nannten. Verstärkungen des älteren karthagischen Mauerrings im frühen 1. Jh. v. Chr. gehören mutmaßlich in den Kontext der Sertoriuskriege. Der Ausbau des Osttors, der (heute wieder sichtbar gemachte) ältere Wagenspuren im Straßenpflaster des Durchfahrtsbereichs überdeckte, dürfte hingegen mit dem Bürgerkrieg zwischen Caesarianern und Pompeianern einige Jahrzehnte später zusammenfallen. Unter Augustus bekommt die Innenbebauung der mit etwa 2,2 ha Fläche vergleichsweise klein gebliebenen, nichtsdestotrotz ab jetzt als Munizipium privilegierten Siedlung, dann einen stärker urbanen Charakter.

Es ist jene frühkaiserzeitliche Phase der antiken Stadt, die im Fokus des seit 1998 der Öffentlichkeit zugänglich gemachten Archäologischen Parks steht. Anders als im zwei Jahre darauf in einem ehemaligen Krankenhausbau aus den 1920ern – deutlich näher am modernen Stadtzentrum – neueröffneten Museu Arqueològic Provincial d'Alacant (das wiederum 2004 als Europäisches Museum des Jahres prämiert wurde) sind die Perspektiven auf vormoderne Epochen der Stadtgeschichte hier aber deutlich eingeschränkt. Der antike Blick von der Hügelkuppe auf das nahe Mittelmeer wird hier durch die in zweistellige Geschosshöhen aufragenden rezenten Hochhäuser ganz profan verstellt (Abb. 21).

Das Konzept des durch Lichtmasten, betonierte Rampen und Wege weitgehend barrierefrei erschlossenen Areals wird sichtbar durch großflächige Konservierungsmaßnahmen und Teilrekonstruktionen bestimmt. Zwischen die nur selten über Hüfthöhe hinausgehenden Mauerreste wurden durchgehend – auch in Rücksicht auf die Regenwasserableitung – planierte Kiesschichten gefüllt. Mit einer eingängigen Systematik (gelb für Befestigungs- und grün für wasserbautechnische Anlagen, rot für private und weiß für öffentliche Bauten) soll den Besuchern durch diese farbigen Verfüllungen ein schneller Überblick über den Nutzungscharakter der antiken Bebauung ermöglicht werden. Als Befunde bedeutsam sind die beiden Raumensembles der Popilius- und der Stadtmauerthermen, weil sie die technische Entwicklung des römischen Badewesens seit spätrepublikanischer Zeit auf fast unmittelbar gegenüberliegenden Straßenseiten zeigen. Von einem Forum abgesehen fehlen weitere Monumentalbauten, da *Lucentum* bereits in spätflavischer Zeit auf Kosten des benachbarten und verkehrsgünstiger gelegenen *Ilici* rapide an Bedeutung verlor. Eine Nachnutzung der römischen Höhensiedlung als Nekropole und das Fortleben des antiken Ortsnamens als *Al Lucant* schließen die zeitliche Lücke zwischen der im 3. Jh. n. Chr. aufgegebenen und durch die Araber ein Stück weiter südlich neugegründeten Stadt.

Museen/ archäologische Stätten

Yacimiento Arqueológico Tossal de Manises/Lucentum

03016 Alicante

T. +34 965262434

Museu Arqueològic Provincial d'Alacant (MARQ)

Plaza Dr. Gómez Ulla, s/n

03013 Alicante

T. +34 965149000

http://www.marqalicante.com/

Mit seinen arabischen Mauern und weitläufigen UNESCO-prämierten Palmenpflanzungen vermeintlich orientalische Klischees bemühend, blickt Elche auf eine intensive Grabungstätigkeit zurück, die weit mehr als nur eine berühmte Kalksteinbüste hervorbrachte.

10 ELCHE (ILICI) – SCHLÜSSELFUNDE ZWISCHEN PALMENHAINEN

Valencia

Dass sich auf dem flachen Hügel La Alcudia, in einem landwirtschaftlich geprägten Vorort 4 km südlich des Zentrums von Elche, eine prähistorische und antike Siedlung befunden hatte, war seit langem bekannt. Einzelne Funde kamen in dem künstlich aufgehöhten, gut 11 ha umfassenden Areal bereits im 16. Jh. ans Tageslicht und Mitte des 18. Jhs. hatten unsystematische Grabungen hier die Reste römischer Bäder ausfindig gemacht. Aber erst der Zufallsfund eines Bauernjungen im August 1897 rückte die Stätte in das Zentrum überregionalen Interesses.

Die so entdeckte *Dama de Elche*, eine mit 56 cm Höhe lebensgroße Kalksteinbüste einer auffällig geschmückten Frau, besitzt einen Hohlraum auf der Rückseite und diente – wie 2011 erfolgte Untersuchungen bestätigten – ursprünglich als Urne im Kontext einer Brandbestattung. Für größere Aufmerksamkeit schon bei der Auffindung sorgte allerdings der gute Erhaltungszustand der realistisch ausgearbeiteten und – wie einige Farbreste noch belegen – ehemals bunt bemalten Figur. Neben dem raffinierten Faltenwurf des Mantels, der im Brustbereich den Blick auf drei Ketten samt mehrerer Anhänger freigibt, ist es v. a. der detailreiche Kopfschmuck aus Haube, Ohranhängern und zwei überdimensionalen, das Gesicht rahmenden radförmigen Schmuckstücken, der zum exotischen Aussehen der Skulptur beiträgt (Abb. 22).

Pedro Ibarra Ruiz, ein umtriebiger lokaler Archäologe (dessen Privatsammlung den Grundstock des heutigen Archäologischen Museums in Elche bildet), hatte schon wenige Tage nach der Entdeckung Fotos von der vor Ort zunächst als „maurische Königin“ titulierten *Dama* anfertigen lassen und französische Fachkollegen zur Begutachtung hinzugezogen. Diese Vermittlung sorgte für einen raschen Verkauf an den Pariser Louvre, wo die tatsächlich iberische – im späten 5. oder frühen 4. Jh. v. Chr. entstandene – Statue bereits zum Jahresende 1897 präsentiert wurde. Obgleich im Laufe des 20. Jh. bei weiteren Grabungen auf der Iberischen Halbinsel ähnlich gestaltete Frauenfiguren entdeckt wurden, betrachtet man die stilistisch vielfältigen Einflüsse der zumeist als Priesterin oder als punische Gottheit gedeuteten *Dama* nach wie

vor als Besonderheit. In Elche selbst kann anhand der Büste jedenfalls stellvertretend die frühe Präsenz von Griechen (die den Ort *Helike* nannten) und Karthagern in der Umgebung des bis zum frühen 3. Jh. v. Chr. bestehenden Oppidum der iberischen *Contestani* wahrscheinlich gemacht werden. Auch nach der 1941 erfolgten Rückführung nach Spanien blieb das nunmehr im Madrider Museo Arqueológico Nacional ausgestellte ikonische Kunstwerk am einstigen Fundort ein populäres

Abb. 22: Ein aufsehenerregender Zufallsfund und Zeugnis früher iberischer Bildhauerkunst: die *Dama de Elche* aus dem 5./4. Jh. v. Chr.

Museen/ archäologische Stätten

Parque Arqueológico La Alcudia
Calle Elche, 5
03290 Elche-Alicante
T. + 34 966611506
https://web.ua.es/en/laalcudia/start.html

Museo Arqueológico y de Historia de Elche (MAHE)
Calle Diagonal del Palau, 7
03202 Elche-Alicante
T. +34 966658203
https://www.elche.es/museos/mahe/

Politikum – wie wiederholte Rückgabeforderungen und verschiedene Reproduktionen der *Dama* in Elche und ihre diversen popkulturellen Reflexe in der Region Valencia aktuell bezeugen.

Die Colonia Iulia Ilici Augusta und ihr Umfeld

Fast genau hundert Jahre nach der Entdeckung der *Dama de Elche* ist 1996 im Bereich der als Forum der römischen Stadt gedeuteten zentralen Platzanlage mit der *Tabula Ilicitana* ein weiteres Schlüsseldokument zu Tage gefördert worden. Die (vor Ort im Museo Monográfico zu bewundernde) kleine, nur gut 22 x 9 cm messende und aus zwei passenden Fragmenten zusammengesetzte Bronzetafel war – worauf ein Loch in der oberen linken Ecke hinweist – ursprünglich als Teil einer größeren Platte wohl an einem öffentlichen Gebäude befestigt. Der eingravierte Text thematisiert unter Nennung verschiedener *cardines* die Verteilung einer Fläche Landes an zehn römische Bürger, deren jeweilige Herkunft aus dem gesamten westlichen Mittelmeerraum gleichfalls aufgelistet wird. Als bis dato erstes bekanntes Dokument, das die wahrscheinlich im Zuge einer Veteranenversorgung erfolgte Landzuteilung festhält, besitzt die *tabula* weit über Elche hinausgehende historische Aussagekraft.

In der Umgebung des Plateaus von La Alcudia konnte die derart belegbare *centuriatio* inzwischen auch archäologisch nachgewiesen werden. Zusammen mit weiteren Inschriften, Notizen aus der literarischen Überlieferung und den Legenden der zahlreiche Typen umfassenden lokalen Münzprägung kann ein einigermaßen dichtes Bild des spätrepublikanisch-frühkaiserzeitlichen *Ilici* gewonnen werden. Wie bereits die Beinamen *Colonia Iulia* und *Augusta* nahelegen, scheint es mehre Privilegierungen der Siedlung gegeben zu haben: Dem noch durch Caesar um 42 v. Chr. verliehenen Rang einer *colonia immunis* folgte unter Augustus spätestens 19 v. Chr. die Aufwertung zu einer *colonia civium Romanorum*. Eine Statuenbasis vom Forum der Stadt verrät, dass zumindest im Jahr 26 v. Chr. mit Titus Statilius Taurus (der etwa zeitgleich in Rom das erste steinerne Amphitheater errichten ließ) ein amtierender Konsul und Vertrauter des ersten Kaisers prominenter *patronus* von *Ilici* gewesen ist. Die *deductio* einer Veteranenkolonie in die südliche *Tarraconensis* in diesem Jahr – in deren Kontext dann auch die *Tabula Ilicitana* stehen würde – wäre plausibel.

Weitere Funde der nachmaligen Geschichte *Ilicis* auf dem Weg zum arabischen *Ilš* präsentiert das 2006 wiedereröffnete Museo Arqueológico y de Historia de Elche (MAHE) im mittelalterlichen Stadtzentrum – in einem Neubau, der Festungsteile des benachbarten Altamira-Palastes integriert.

Heute besitzt Sagunt eine ambivalente Bedeutung als Zentrum von Zitrusfruchtanbau und Stahlindustrie, bekannt geworden ist sein antiker Burgberg aber im Zuge der Belagerung durch einen namhaften Feldherren.

11 SAGUNTO (SAGUNTUM) – „ALTE MAUERN" ZWISCHEN BURGBERG UND CIRCUS

Valencia

Das erste Opfer des Hannibal-Zuges

Frühe Berühmtheit erlangte Sagunt, 25 km nördlich von Valencia unweit der Mündung des Río Palancia gelegen, durch seine Rolle im Vorfeld des Zweiten Punischen Krieges. Für Polybios und von ihm abhängige spätere Historiographen wie Livius und Appian galt die achtmonatige Belagerung der Stadt durch Hannibal ab dem Frühsommer 219 v. Chr. neben dem Bruch des Ebro-Vertrages als wesentlicher Anlass für das sich anschließende folgenreiche römische Ultimatum an die Karthager. Inwieweit Sagunt bereits Jahre zuvor ein engeres – über eine eher informelle *amicitia* hinausgehendes – Bündnis mit den Römern besaß und das zögerliche Vorgehen Roms bei dessen Unterstützung gegen Hannibal daher zu bewerten ist, ist Teil einer anhaltenden althistorischen Forschungsdebatte.

Tipp

Die mehrsprachige Online-Anwendung „Sagunto – Suma de Cultures" verortet unterschiedliche Kulturdenkmäler Sagunts kartographisch in den unterschiedlichen Zentren der Stadt und liefert prägnante Zusatzinformationen:

http://www.sagunt.es/es-es/laciudad/Sagunto%20Interactivo/Sagunt_interactivo.html

Das emporion der Edetani und die römische Neugründung

Festzuhalten bleibt, dass die strategische Lage der Siedlung für beide Großmächte interessant gewesen sein muss. Bereits im 5. Jh. v. Chr. hatte der in der Region ansässige iberische Stamm der *Edetani* die ostwestlich orientierten und bis zu 170 m aufragenden Anhöhen zu einem Oppidum namens *Arse* ummauert, das die fruchtbare Küstenebene kontrollierte.

Dort wiederum (in der heutigen Gemarkung Grau Vell, zwischen frühneuzeitlicher Küstenfestung und modernem Autoverladeterminal) hatte sich zeitgleich ein Handelsplatz etabliert, der mit dem *Ζάκανθα* griechischer Quellen übereinstimmen dürfte. Reger Austausch der Saguntiner mit dem Mediterraneum über dieses noch bis ins 5. Jh. n. Chr. belegte *emporion* lässt sich in den vielfältigen Motiven der Silbermünzen fassen, die *Arse* seit dem späteren 4. Jh. v. Chr. prägte. Kampanische Importkeramik kündigt dann den römischen Einfluss an, der sich ab dem Jahr 212 v. Chr. mit der Eroberung Sagunts durch die Scipionen verstetigen sollte.

Abb. 23: Westlich des Forums erstreckt sich die mittelalterliche Burganlage, die eine vorrömische iberische Höhensiedlung überlagert.

Als Ausdruck ihrer Kontrolle über das nunmehrige *Saguntum* legten die neuen Machthaber auf dem nordöstlichen Burgberg eine großzügig terrassierte Platzanlage an, die – gepflastert und durch Zisternen, Portiken sowie einen Podiumstempel eingerahmt – ein idealtypisches Forum nach italischem Vorbild bildete. Diesem Komplex westlich gegenüber erstreckte sich (samt vorgelagerter Steinbrüche und Nekropole) auf fast 1 km Länge die iberische Höhensiedlung (Abb. 23).

An der Südseite der Plaça Sant Ferran, etwa mittig zwischen jenen beiden antiken Zentren auf dem Burgberg, zeugt das Antiquarium Epigráfico als Außenstelle der örtlichen archäologischen Sammlung vom reichhaltigen Inschriftenbefund Sagunts. Die hier in einem langgestreckten Lapidarium versammelten Tafeln und Altäre wurden teilweise bereits im 16. Jh. entdeckt und tragen neben lateinischen auch iberische (sowie hebräische) Inschriften. So wird an dieser Stelle der räumliche Wandel vom iberischen Oppidum hin zum frühkaiserzeitlichen Munizipium auch durch textliche Zeugnisse der Romanisierung nachvollziehbar (Abb. 24).

Spuren des kaiserzeitlichen Sagunt im heutigen Stadtbild

Vom unterhalb des Forums in den Berghang gearbeiteten Theaterhalbrund – 1896 als erste archäologische Stätte Spaniens zum Nationaldenkmal erklärt – führt der Weg nordwärts hinab in die Altstadt von Sagunt. Entlang dem Carrer del Castell passiert man das mittelalterliche Judenviertel und erreicht rechter Hand das Museo Histórico de Sagunto (MUHSAG), das seinen Sitz in der 2003 renovierten Casa del Mestre Penya hat.

Abb. 24: Das durch Bauinschriften leicht zu verortende frühkaiserzeitliche Forum auf dem Burgberg wurde später durch weitere monumentale Platzanlagen in der Unterstadt ergänzt.

Auf der gegenüberliegenden – östlichen – Seite des Burgberges hat in den 2010er Jahren rege Aktivität der Stadtarchäologie die Ausbreitung des kaiserzeitlichen Sagunts in das Gebiet zwischen jetzigem Bahnhof und dem Río Palancia nachweisen können. Mehrere römische Häuser konnten zutage gefördert werden und sind teilweise großzügig musealisiert worden. So gibt die Casa dels Peixos am Carrer del València einen guten Eindruck der Raumgliederung einer vom frühen 2. bis zum 4. Jh. belegten *domus* nach Art eines pompejanischen Atriumhauses. Fünf Gehminuten nordwestlich lässt sich an der Plaça Antiga Moreria auf 3.000 m^2 Fläche der Wandel der Via del Pòrtic, einer frühkaiserzeitlichen Gräberstraße, über mehrere Jahrhunderte nachvollziehen.
Weitere fünf Gehminuten gen Westen stößt man schließlich an der Kreuzung von Carrer Horts und Carrer Ordóñez auf eine von längeren antiken Mauerresten gerahmte Platzanlage, die seit 2015 als kaiserzeitliches Forum von Sagunt angesprochen wird. Dieses hätte dann in unmittelbarem baulichen Zusammenhang mit dem im mittleren 2. Jh. errichteten Circus gestanden, der sich auf 354 m Länge und 73 m Breite zwischen der Unterstadt und dem Fluss ausdehnte. Von dieser Spielstätte hat nur noch eine seitliche Toranlage aus Quadersteinen bis heute überdauert, während die 1945 auf ihrer vollen Länge von 190 m ergrabene *spina*, die einstige Mittelachse der Rennbahn, zwischenzeitlich der modernen Stadterweiterung weichen musste.
Zumindest namentlich verschwunden sind auch die „Alten Mauern“, *muri veteres*, die sich als alternative Ortsbezeichnung Sagunts noch bis in die 1870er Jahre tradiert hatten: Unter arabischer Herrschaft hieß die Stadt *Morbiter*, später dann *Morvedre* oder *Murviedro*.

Museen/ archäologische Stätten

Antiquarium Epigráfico del Castillo
Plaça de Sant Ferran
46500 Sagunt
T. +34 962665581
https://www.valencia-turisme.org/es/museo/museu-arqueologic-antiquarium-epigrafico-del-castillo/

Museo Histórico de Sagunto (MUHSAG)
Calle del Castillo, 23
46500 Sagunt
T. +34 962617267
https://www.comunitatvalenciana.com/de/valencia/sagunt-sagunto/museen/muhsag-museo-historico-de-sagunto

Orangen und Paella, die spektakuläre Architektur von Santiago Calatrava und zuletzt auch große Sportveranstaltungen dürften hierzulande die Bilder sein, die vorherrschend mit Valencia assoziiert werden. Die Stadt, in der El Cid sein kurzlebiges Königreich errichtet hatte, präsentiert sich mit ihren archäologischen Hinterlassenschaften aber als bereits weit vor dem Mittelalter bedeutsam.

12 VALENCIA (VALENTIA) – SEIT JEHER EINE STADT IM FLUSS

Valencia

Ohne den Rio Turia lässt sich die historische Entwicklung Valencias kaum angemessen erläutern. Das gilt nicht nur für die nutzbringenden Aspekte des Flusses, der die unter arabischer Herrschaft ins städtische Umland geführten Bewässerungskanäle speiste und damit die Entstehung der bis heute für ihre Mischkultur-Landwirtschaft bekannten Huerta erst ermöglichte. Vielmehr muss man dabei auch die Gefahren stetig wiederkehrender Überschwemmungen berücksichtigen. Seit der Umleitung in einen neuen Kanal, der heute 2 km südlich in den Golf von Valencia mündet, hat der bis dahin besonders bedrohliche nördliche Flussarm – bereits für die römische Kaiserzeit ist hier der Bau von Schutzdämmen bezeugt – einen gänzlich anderen Charakter: Trockengefallen wurde er in den 1980er Jahren auf 7 km Länge zum innerstädtischen Park Jardín del Turia umgestaltet.

An dessen Westende, schon an den Vorort Mislata angrenzend, findet auch die museale Präsentation der Stadtgeschichte mit deutlichem Bezug zum nassen Element statt. Das 2003 eröffnete Museo de Historia de Valencia (MhV) hat seine Heimat in einem zuvor restaurierten ehemaligen Trinkwasserreservoir aus der Mitte des 19. Jhs. gefunden, das bereits im Eingangsbereich durch markante genietete Stahltore auffällt. Für die – in Valencia selbst archäologisch nicht fassbare – iberische Vorgeschichte der Region übernimmt hingegen das 1927 begründete Museo de Prehistoria de Valencia mitsamt seiner wichtigen Forschungsbibliothek die Rolle als archäologisches Landesmuseum. Es liegt im Norden der Altstadt und über die Carrer Guillem de Castro ebenfalls nur wenige Meter vom alten Turia-Flussarm entfernt.

Abb. 25: Die römische Siedlung am Westufer des Turia (rot) vergrößerte sich in arabischer (gelb) und spätmittelalterlicher Zeit (blau) merklich – und erhielt jeweils neue Stadtmauern.

Im Verlauf dieser Straße führte der Mauerring der spätmittelalterlichen Stadt von der Flussbiegung südwärts, wie das unweit gelegene einstige Westtor Valencias, die Mitte des 15. Jhs. errichteten Torres de Quart, noch erahnen lassen mag. Folgt man von jener Torburg ausgehend der Carrer de Murillo über die Carrer de la Carda und dann südöstlich dem Straßenzug von der Plaça del Mercat bis zur Plaça de l'Ajuntament, so bewegt man sich entlang der einstigen südlichen Stadtgrenze, die hier ebenfalls durch einen

alten Turia-Arm vorbestimmt war (Abb. 25). Dieser bog im Verlauf der jetzigen Carrer de les Barques nach Osten ab und traf 500 m später wieder auf den nördlichen Wasserlauf, wodurch die Flussinsel entstand, die bereits die Römer für ihre Siedlung ex novo in Anspruch nahmen.

Das frühe Valencia

Valentia wurde ausweislich der schriftlichen Überlieferung um 138 v. Chr. durch den Konsul Decimus Iunius Brutus Callaicus als Veteranenkolonie im Nachklang der Feldzüge gegen Viriathus angelegt. Die Ortswahl für die mit zunächst 10 ha Größe überschaubare Planstadt dürfte durch überregionale Faktoren bedingt gewesen sein: Mit jeweils etwa 250 km Entfernung nach *Tarraco* und *Carthago Nova* lag *Valentia* genau mittig zwischen den beiden frühen Zentren römischer Herrschaft in Hispanien. Vermutlich ermöglichte es hier auch eine Furt der Via Heraclea (bzw. der späteren Via Augusta), den Turia zu passieren. Dass die flache Terrasse, auf der die Altstadt von Valencia bis heute liegt, vor dem bei Starkregen periodisch anschwellenden Fluss dennoch nur bedingt Schutz bot, legen weitere Fundkontexte nahe, die der Gründungsphase der römischen Stadt zuzuordnen sind. So glaubt man Votivdeponierungen und ein Heiligtum für Wassergottheiten in Forumsnähe mit der rituellen Absicherung des Hochwasserschutzes in Verbindung bringen zu können.

Die Keimzelle des antiken *Valentia* reichte aber in keiner Himmelsrichtung bis an den Fluss, sondern war zunächst auf eine Fläche beschränkt, die sich in einem Radius von etwa 150 m um die Nordwestecke der Kathedrale zeichnen lässt.

Museen/ archäologische Stätten

Museo de Historia de Valencia (MhV)

Carrer Valencia 42 (Junto al Parque de Cabecera), Mislata

46920 Valencia

T. +34 963701105

http://mhv.valencia.es/en

Museo de Prehistoria de Valencia

Centro Cultural La Beneficència

Carrer de la Corona, 36

46003 Valencia

T. +34 963883565

http://www.museu-prehistoriavalencia.es/web_mupreva/

Centro Arqueológico de la Almoina

Plaça Dècim Juni Brut (cònsol romà), s/n

46003 Valencia

T. +34 962084173

https://www.visitvalencia.com/de/was-machen-in-valencia/kultur-valencia/museen-in-valencia/archaeologisches-museum-almoina

Siedlungskontinuität im Stadtzentrum

Seit den Grabungen unter der hier gelegenen Plaça de la Verge Ende der 1950er Jahre und umso mehr seit Mitte der 1980er Jahre unter der östlich anschließenden Plaça de la Almoina war klar, dass sich an dieser Stelle das Forum der römischen Kolonie befunden haben muss. Die Ergebnisse der letzteren Untersuchungen, die eine 2500 m² große Fläche umfassten, sind seit 2007 im Centro Arqueológico de la Almoina zu besichtigen. Bereits vom Niveau des heutigen Platzes aus gibt ein großzügiges Oberlicht den Blick frei auf die Reste einer östlich an das Forum angrenzenden Bautenansammlung, die unter anderen eine 540 m² große Thermenanlage aus dem späten 2. Jh. v. Chr. beinhaltete (Abb. 26).

Da man in der Verlängerung der zusätzlich erfassten Straße zusätzlich ein Nordtor (in der Carrer del Salvador) als auch ein Südtor (in der Carrer Avellanes) ausfindig machen konnte, glaubt man den Schnittpunkt von *cardo* und *decumanus maximus* von *Valentia* eben hier verorten zu können. Das dementsprechend schon für einen frühen Zeitpunkt zu rekonstruierende urbane Zentrum weist Nutzungsphasen von republikanischer Zeit bis ins Mittelalter auf.

Abb. 26: Unter der Plaça de l'Almoina konnte eine *insula* aus dem späten 2. Jh. v. Chr. mitsamt einer Thermenanlage konserviert werden.

Darunter zählt auch ein durch eine Fundmünze auf die Jahre nach 77 v. Chr. datierbarer Zerstörungshorizont mit Leichen- und Waffenfunden, der eines der wenigen überlieferten historischen Daten der römischen Stadtgeschichte stützt. *Valentia* hatte sich im Bürgerkrieg zwischen Marianern und Sullanern auf die letztlich unterliegende Seite des Sertorius gestellt und war 75 v. Chr. durch Pompeius belagert und zerstört worden. Eine zumeist angenommene anschließende Zäsur der Besiedlung bis in augusteische Zeit ist zuletzt durch epigraphische Neufunde hinterfragt worden. Daneben bleibt ebenfalls umstritten, inwieweit sich die auf spätkaiserzeitlichen Inschriften genannten *Valentini veterani et veteres* auf die Bürgergemeinde bereits der republikanischen Stadt oder eher einer späteren Neugründung derselben beziehen (Abb. 27).

Abb. 27. Ausweislich einer Ehreninschrift aus dem 3. Jh. n. Chr. war Marcus Nummius Senecio Albinus ein Angehöriger der *Valentini veterani et veteres* (CIL II^2/14, 21).

Erst im 2. Jh. n. Chr. scheint *Valentia* deutlich über die nördliche Hälfte der Turia-Insel hinausgewachsen zu sein. Kennzeichnendes Element der Stadterweiterung nach Südosten war der Bau eines Circus, dessen Existenz der Forschung bis zu seiner zufälligen Entdeckung im Jahr 1987 unbekannt geblieben war. Die wohl noch im 4. Jh. instandgesetzte, dann aber im Laufe des 6. Jhs. mit Häusern bebaute Rennbahn befand sich etwa in dem Bereich nördlich der heutigen Plaça de Sant Vicent Ferrer.

Wohin sich Millionen sonnenhungriger Touristen jedes Jahr sehnen, dorthin verbannte Rom unangenehme Zeitgenossen. Sie beklagten sich wahrlich nicht über ihr Schicksal, sondern wussten die Annehmlichkeiten der Balearen bereits zu genießen…

13–14 PALMA DE MALLORCA (PALMA) UND ALCÚDIA (POLLENTIA) – „GENUSSREICH UND BEHAGLICH LEBEN"

Balearen

Es gab schlimmere Orte, an die man im Imperium Romanum verbannt werden konnte: *Tomis* am Schwarzen Meer z. B., wo der Dichter Ovid sein Dasein fristete, oder auch *Augusta Emerita*, das als westlichste Provinzhauptstadt noch weiter von Rom entfernt lag – dorthin hatte Nero Otho „abgeschoben". Dagegen bot eine Verbannung auf die Balearen den Vorteil, dass man sich dort ein „genussreiches und behagliches Leben" einrichten konnte – so der Senator Publius Suillius, dem seine Feindschaft zu Seneca dieses Urteil eingetragen hatte. Und so rund 19.000 Deutsche, die dorthin ausgewandert sind und zu denen sich allein 2019 5,3 Millionen Touristen deutscher Provenienz gesellten. Doch die Inseln haben mehr zu bieten als 300 Sonnentage im Jahr und kilometerlange Sandstrände.

Die Lebenswelt der Inseln

Die naturräumlichen Bedingungen, die Rom hier vorgefunden hatte, waren ideal: Der sehr fruchtbare Boden produzierte Weizen von vorzüglicher Qualität und Wein, der sich aufgrund seines feinen Geschmackes mit den herausragendsten Italiens messen konnte. Die beeindruckende Fauna und Flora wartete mit „Meerzwiebeln" und „Höhlenschnecken" von heilender Wirkung wie mit Purpurhühnern und kleinen Kranichen von vorzüglichem Geschmack auf. Die mehr als 30.000 Einwohner beider Inseln galten als äußerst friedfertige Menschen. Schließlich hatten aber selbst sie sich aufgrund ständiger Bedrohung – durch Griechen und Phönizier, v. a. aber Piraten – gezwungen gesehen, ein Kriegshandwerk zu erlernen, um sich verteidigen zu können: das Schleudern. Balearer und Schleuderer waren Bezeichnungen, die man synonym verwandte, waren ihre Kunstfertigkeit und Effizienz doch sprichwörtlich: Die wirbelnde Schnur einer Balearenschleuder galt als ebenso schnell wie ein rückwärts abgeschossener Partherpfeil.

Die „Bezwingung der Balearen“

Seit dem Zweiten Punischen Krieg war Rom auf den Balearen präsent, die sich schnell zum strategisch bedeutsamen Stützpunkt der Schifffahrt zwischen der Apennin- und der Iberischen Halbinsel entwickelten. 34 Tage benötigte man, um von Rom nach *Tarraco* zu gelangen, wo der Statthalter residierte; in der Kaiserzeit sollte sich die Überfahrt auf vier reduzieren – drei Tage für die Überfahrt von Rom auf die Inseln und einer von dort nach *Tarraco*. Als in den 20er Jahren des 2. Jhs. v. Chr. das Piratenunwesen derart zunahm, dass die Schiffsrouten teilweise unterbrochen wurden, entsandte Rom Quintus Caecilius Metellus. Die Unsicherheit des Meeres galt als hinreichendes Argument für eine Intervention und Metellus erfüllte seinen Auftrag einer „Befriedung“ gründlich, so dass er im Jahre 121 im Triumphzug in Rom einziehen konnte. Der „Bezwinger der Balearen“ hatte nicht nur Heiligtümer und ganze *oppida* zerstört, sondern auch vielen Inselbewohnern den Tod gebracht. Aber er hatte auf Mallorca auch zwei Städte – *Palma* im Westen und *Pollentia* im Osten – gegründet und 3.000 römische Kolonisten vom Iberischen Festland dort angesiedelt. Der entscheidende Schritt zu einer direkten territorialen Kontrolle mittels permanenter römischer Ansiedlungen war getan. *Palma* (Palma de Mallorca), in Form eines *castellum* festungsähnlich, mit Türmen ausgestattet und in einer Größenordnung von 6 ha – das Terrain entspricht dem heutigen Stadtviertel Almudanya – auf einer Erhöhung von etwa 15 m über dem Hafen angelegt, kontrollierte den Schiffsverkehr an der Südwestküste der Insel. *Pollentia* (Alcúdia), selbst auf einer Halbinsel gelegen und damit sowohl von der gleichnamigen Bucht von Pollença als auch von jener von Alcudia aus gut sichtbar, ließ nicht nur die Kontrolle der Nordostküste, sondern zudem der Schiffsroute nach Menorca zu.

Die „Blüte der Städte“

Ein Um- oder Ausbau dieser Garnisonen zu tatsächlichen Städten erfolgte erst in den 70er Jahren. Pompeius dürfte noch die Bauarbeiten gesehen haben, als er sich im Zuge der Auseinandersetzungen mit Caesar rund zwei Jahrzehnte später dort aufhielt. Der Verbannte Publius Suillius erlebte dagegen mit Sicherheit bereits die in Gänze fertiggestellten Städte, deren Blüte in das 2. Jh. n. Chr. fällt. Das heutige Palma verbirgt seinen römischen Ursprung; Spuren lassen sich jedoch im orthogonalen Straßensystem erahnen, in den Hafenanlagen (Plaça de Joan Carles I), und im Theater in der Nähe des Hafens sowie – schon jenseits der Stadtmauer (im Bereich der Straßen Jovellanos, Paraires und Brondo) – in den Thermen (Catedral de Santa María). *Pollentia*

Museen/ archäologische Stätten

Museo de Mallorca
Calle de la Portella, 5
07001 Palma
T. +34 971177838
http://www.caib.es/sites/museudemallorca/es/el_museo-55207/

Museo Monográfico de Pollentia
Calle Sant Jaume, 30
07400 Alcúdia
T. +34 971547004
http://www.caib.es/sites/museudemallorca/es/secciones-55368/

Museo de Menorca
Plà des Monestir, 9
07701 Maó
T. +34 971350955
https://www.museudemenorca.com/ca/inici

Abb. 28: Wohnbauten in Pollentia (Alcúdia).

gewährt dagegen großzügig Einblick in die üblichen Elemente römischer Infrastruktur und Stadtarchitektur: Wohnbauten (Abb. 28), das Forum mit *tabernae*, Kapitolium und mindestens einer *aedes* aus dem 1. Jh. n. Chr., die dem Kaiserkult gewidmet war, *curia* und Basilika sowie Skulpturenschmuck. Im Kontext der Platzanlage fällt insbesondere ein Augustus (Porträt-Typus Actium B) auf, der im Laufe der Zeit durch weitere Herrscher-Repräsentationen ergänzt wurde. Das Theater für rund 2.000 Personen lag ebenfalls in der Nähe des Hafens, auch Thermen und ein Aquädukt sind nachgewiesen (Ternelles); die Nekropolen befanden sich im Süden der Stadt (Ca'n Fanals). Auch *Mago* (Maó) entwickelte ein derartiges Stadtbild, wenn es sich auch bei der im Osten Menorcas gelegenen Stadt, dem größten Naturhafen (mit einer Länge von 5,5 km und einer Breite von bis zu 1,2 km) im Mittelmeerraum, um eine Neugründung des gleichnamigen Feldherrn der Karthager unter Einbeziehung autochthoner Bevölkerung handelt.

Balearer machen Karriere

Von der Gesellschaft der Balearen fassen wir in erster Linie die sozialen Eliten, d. h. die Inhaber von Magistraturen in *Palma*, *Pollentia* und *Mago* oder solche, die eben jene als Ausgangspunkt für eine weiterführende Karriere nutzten. Sie fallen auf, weil es ihnen ihr wohl durch Handel mit dem hispanischen Festland wie dem Norden Afrikas erworbener Reichtum ermöglichte, städtische Ämter wie die Ädilität und den Duumvirat sogar bis zu dreimal zu bekleiden und in eben dieser Zeit auch im höchsten und prestigeträchtigsten Amt vertreten zu sein, das die Provinz *Hispania Citerior* an einen der ihrigen zu vergeben hatte: im provinzialen Flaminat in *Tarraco* (Abb. 29). Ihre geographische Mobilität, die sie aus *Palma*, *Pollentia* und *Mago* bis in die Provinzhauptstadt und von dort bis nach Rom führen konnte, beförderte also ihre soziale Mobilität – und damit einhergehend wiederum deren wirtschaftliche Grundlagen: den Handel mit den heimischen Erzeugnissen, deren Qualität das uneingeschränkte Lob des älteren Plinius erfahren hatte.

Das beharrliche Schweigen der Überlieferung in Bezug auf das 3. und 4. Jh. lässt nur vage Vermutungen zu; offensichtlich konzentrierte sich das Leben weiterhin in den bekannten städtischen Zentren und war vermutlich zunächst keinerlei Veränderungen unterworfen. Denn noch zu Beginn des 5. Jhs. ließ es sich auf den Balearen „genussreich und behaglich“ leben – das Bild, das Bischof Severus von Menorca in der *epistula Severi* in dieser Hinsicht zeichnet, ist eindrucksvoll.

Abb. 29: Cn. Gavius Amethystus, *Balearicus Palmensis et Guiuntanus* (CIL II^2/14, 1140)

Eine Stadt der Superlative seit über 2.000 Jahren – so stellt sich Cartagena seinen unzähligen Besuchern heute zurecht dar: Der größte innerstädtische archäologische Park Spaniens erweckt den größten Hafen Hispaniens zu neuem Leben.

15 CARTAGENA (CARTHAGO NOVA) – „DER GRÖSSTE ALLER HÄFEN, ALLER HANDELSPLÄTZE"

Murcia

Als König Felipe VI. von Spanien am 5. Mai 2021 im Archäologischen Park von Cartagena das Museo Foro Romano Molinete eröffnete (Abb. 30), krönte er damit gewissermaßen eine einzigartige altertumswissenschaftliche Unternehmung: Denn der Parque Arqueológico del Molinete, der sich über 26.000 m^2 der historischen Innenstadt von Cartagena erstreckt, ist der größte innerstädtische archäologische Park Spaniens (Abb. 31). Im Jahr 2012 war er von Seiten des Ministeriums für Erziehung, Kultur und Sport mit dem Premio Nacional de Restauración y Conservación de Bienes Culturales ausgezeichnet worden; jetzt eröffnete Seine Majestät ein Museum, in dem mehr als 350 Exponate die Geschichte der Stadt von ihrer Gründung bis ins 20. Jh. erzählen. Die Initiative, die auf das Jahr 2008 zurückgeht, gilt aufgrund der Zusammenarbeit zwischen öffentlichen und privaten Einrichtungen (Rathaus von Cartagena, Konsortium *Cartagena Puerto de Culturas*, Verwaltung der autonomen Region von Murcia, Stiftung *Repsol*) als beispiellos.

Abb. 30: Felipe VI., König von Spanien, bei der Eröffnung des Museo Foro Romano Molinete am 5. Mai 2021. Links im Bild José Miguel Noguera Celdrán, Professor für Klassische Archäologie an der Universidad de Murcia und Leiter der Ausgrabungen sowie der Musealisierung des Molinete.

Abb. 31: Luftbild des Archäologischen Parks.

Qart Hadašt, eine „Neue Stadt“

Hasdrubal gründete in den Jahren 229-228 v. Chr. auf der Iberischen Halbinsel aus militärischen und wirtschaftlichen Gründen *Qart Hadašt*, eine „Neue Stadt“: unweit von Karthago, in der Tiefe einer Bucht, auf einer Halbinsel, die im Norden das Meer und im Süden eine Lagune begrenzten, und unweit einer Sierra, die für ihren Reichtum an Blei und Silber bekannt war. Auf einem Gebiet von rund 40 ha erstreckten sich fünf Hügel, die die Topographie der Hafenstadt sowohl unter der Herrschaft Karthagos als auch Roms bestimmten, das *Qart Hadašt* im Verlauf des Zweiten Punischen Krieges unter der Ägide des älteren Scipio 208 v. Chr. einnahm, aber nicht vollkommen zerstörte: Das Straßensystem und die neuen Bauten konnten so auf den phönizisch-punischen Anlagen – den Stadtmauern, der Agora oder den Heiligtümern – aufsetzen, deren Kenntnis wir Polybios verdanken.

Museen/ archäologische Stätten

Museo del Teatro Romano Cartagena

Palacio Pascual de Riquelme

Plaza del Ayuntamiento, 9

30201 Cartagena (Murcia)

T. +34 968525149

http://www.teatroromanocartagena.org/

Museo Foro Romano Molinete

Calle Adarve, 6

30201 Cartagena (Murcia)

https://puertodeculturas.cartagena.es/ficha_barrio_foro.asp

Ein Stadtbild italischen Ursprungs

In der Mitte des 1. Jhs. v. Chr., aller Wahrscheinlichkeit nach im Jahre 54, erhob wohl Pompeius die Stadt in den Status einer *colonia*. Jedenfalls dürfte diese Rangerhöhung eine programmatische Bautätigkeit initiiert haben, die Augustus noch einmal insofern beförderte, als er die Stadt zum Hauptort des *conventus Carthaginiensis* machte. Das Stadtbild prägte der Anspruch einer monumentalen Selbstinszenierung mit Blick auf den Hafen und eine gewisse Homogenität, da seine Planung offenbar auf eine Gruppierung italischer Architekten und Bauleute zurückging: Neben den mächtigen Mauern mit Türmen und Toren beeindruckten ein Forum, das sich gleichsam über zwei Terrassen eines der Hügel erstreckte – mit einem Tempel, der wohl Augustus geweiht war, auf der oberen und einer Basilika sowie *curia* unter anderen Bauten auf der unteren Terrasse –, eine weitere, von Portiken eingefasste Platzanlage, die sich an das Forum anschloss, sowie ein Theater mit Peristyl, das an den Nordwesthang eines anderen Hügels gebaut worden war (Abb. 32).

Näherte man sich der Stadt von See, fuhr also in die Bucht ein, dann verlief der Kurs des Schiffes parallel zur Achse des Tempels für den Kaiserkult – so, wie den Seefahrern zwei Jahrhunderte zuvor die *arx Hasdrubalis* samt Terrassen-Heiligtum vor Augen gestanden haben mochte. Unter den Flaviern ergänzten der dem Forum benachbarte Sitz des *collegium* der Augustalen und das Amphitheater den baulichen Prospekt.

Carthago Nova – „der größte aller Häfen, aller Handelsplätze"

Carthago Nova war Strabon zufolge „der größte Handelsplatz der Waren von Übersee für die Binnenländer und der Waren von dort für alle von außerhalb Kommenden". Schon in (vor)karthagischer Zeit hatte man diesen natürlichen Hafen für die Verschiffung von Blei und Silber genutzt. Ab dem 2. Jh. v. Chr. nutzten ihn die *societates publicanorum*, die in den Minen schätzungsweise 40.000 Sklaven arbeiten ließen, die der Staatskasse täglich 25.000 Drachmen einbrachten. Aber man exportierte nicht nur, sondern importierte nun auch aus dem östlichen Mittelmeerraum – bspw. Luxuskeramik aus Korinth, Rhodos und Delos sowie Wein von der Apennin-Halbinsel und weitere Waren aus Nordafrika. Ab der Zeitenwende genossen die Stadt und ihr Hinterland zudem einen hervorragenden Ruf als Produzenten und Exporteure von *garum* und Salzfischen. Hinsichtlich der Migration, die mit diesen wirtschaftlichen Verbindungen einherging, überwog jedoch klar die italische.

Die Namen der sog. großen Familien, die ihren Reichtum den Minen verdankten, waren auch auf den lokalen Münzprägungen vertreten, in den Ausbau der Stadt waren sie dagegen offensichtlich nur teilweise involviert. Hier engagierten sich die Nachkommen und Freunde einflussreicher Feldherren und Politiker aus der Zeit der Republik wie auch die Angehörigen der *familia Caesaris*: Gaius und Lucius Caesar kamen z. B. für die Finanzierung des Theaters auf. Tatsächlich hatten sowohl Augustus selbst und Agrippa, Tiberius, Nero, Drusus und Caligula als auch Klientelkönige wie Iuba II. von *Mauretania* und sein Sohn Ptolemaios den Duumvirat im Umfang von fünf Jahren oder den Patronat inne und trugen damit in einem erheblichen Maße zum Sozialprestige der lokalen Elite und zur Reputation der Stadt bei. Offensichtlich ist gerade deshalb eine Elite lokaler Provenienz kaum zu fassen. Diese Tatsache sollte entscheidend zum Niedergang der Stadt beitragen, denn als die Ausbeutung der Minen im 2. Jh. n. Chr. an ihr Ende kam, verlor *Carthago Nova* einen Großteil seiner einstigen Bedeutung.

Abb. 32: Die *cavea* des Theaters aus der Zeit des Augustus.

Im ländlichen, durch Weidewirtschaft geprägten Nordwesten Cuencas würde man kaum eine bedeutende antike Münzprägestätte vermuten. Doch die frühkaiserzeitliche Blüte von *Ercavica* konnte auf den Wohlstand eines deutlich älteren indigenen Vorläufers aufbauen.

16 CAÑAVERUELAS (ERCAVICA) – VOM KELTIBERISCHEN REITERKRIEGER ZUM RÖMISCHEN STIER

Kastilien-La Mancha

Museen/ archäologische Stätten

Yacimiento de Ercavica
Cañaveruelas
16537 Cuenca
T. +34 949201811
https://cultura.castillalamancha.es/patrimonio/yacimientos-visitables/ercavica

Museo de Cuenca
Calle Obispo Valero, 12
16001 Cuenca
T. +34 969213069
https://cultura.castillalamancha.es/museos/nuestros-museos/museo-de-cuenca

Lange Zeit war es schwierig, die keltiberischen Ursprünge von *Ercavica* – neben *Segobriga* und *Valeria* eine von drei römischen Städten in der heutigen Provinz Cuenca – zu verorten. Bekannt war, dass sich die von Livius als „edel und mächtig" geschilderte *civitas* 179 v. Chr. aufgrund der gegenüber Tiberius Sempronius Gracchus freiwillig erfolgten Kapitulation noch für einige Jahrzehnte eine gewisse Autarkie erhielt und wohl erst im zeitlichen Umfeld der Sertoriuskriege zerstört wurde. Die spätrepublikanische Neugründung der Stadt auf einer Felsnase 5 km nordwestlich des modernen Cañaveruelas scheint allerdings an selber Stelle keinen Vorgänger gehabt zu haben. Zwar wurden auch hier, auf dem Castro de Santaver, einige ältere Bronzemünzen aus *ERKAUIKA* gefunden, doch hatte nicht zuletzt die breite Streuung dieser Prägungen über das ganze keltiberische Gebiet zu unterschiedlichsten Zuordnungsversuchen von Fundplätzen mit dieser Bezeichnung geführt. Erschwerend kommt hinzu, dass die Flusslandschaft unterhalb des knapp 20 ha großen und schon vorkaiserzeitlich ummauerten Siedlungshügels sich seit dem Bau eines Stausees stark verändert hat. Der 1958 eingeweihte Pantano de Buendía hat seither den mäandrierenden Verlauf des Rio Guadiela, der unweit von hier in den Tajo mündet, zwar nicht völlig unsichtbar werden lassen, aber das Erschließen umliegender antiker Verkehrs- oder Siedlungszusammenhänge erschwert.
Die Verlegung der Stadt auf den Castro de Santaver war spätestens in augusteischer Zeit mit einer rechtlichen Aufwertung verbunden, denn nunmehr zeigten die lokalen Münzen, in deren Bildfeld ein Stier den bisher vorherrschenden Lanzenreiter abgelöst hatte, den Hinweis auf den Status als Munizipium (Abb. 33).
Wenngleich die inschriftliche Überlieferung für *Ercavica* ansonsten vergleichsweise dünn ist, sind für die tiberische Zeit *duumviri* bezeugt. Vielleicht hatten diese Magistrate im Westen der antiken Stadt ihren Wohnsitz, wo sich in der Nähe eines frühkaiserzeitlichen Thermenkomplexes (Abb. 34) zeitgleich mehrere große *domus* befanden, deren Nutzfläche teilweise durch Terrassierungen noch erweitert worden war.

Besonders gut erhalten hat sich unmittelbar am *cardo maximus* die Raumaufteilung eines Hauses, dessen Besitzer durch einen hier gefundenen Satz medizinischer Instrumente als Arzt gedeutet wird. Von dort waren es über die städtische Hauptachse nur wenige Schritte bis zum Forum, das den schmalen Höhensattel im Norden des Siedlungsareals beherrschte. Die gepflasterte Fläche jenes nordsüdlich orientierten Stadtzentrums bot an dessen Längsseiten Zugang zu *tabernae* und einem *macellum* (mitsamt Kryptoportikus) sowie im Süden zu einer Basilika. Eine Dreiraumgruppe im Norden des Platzes beherbergte eine *curia*, in der jetzt Kopien der hier gefundenen (und seitdem im Museum von Cuenca präsentierten) marmornen Porträtköpfe des Augustusenkels Lucius und der Agrippina Minor aufgestellt sind. Im 5. Jh. wurden im Bereich des Forums schließlich Gräber angelegt und dokumentieren den wohl bereits deutlich vorher einsetzenden Niedergang von *Ercavica*.
Der noch bis zur Mitte des 9. Jhs. bezeugte Bischofssitz *Aravica* oder *Iravica* scheint sein Zentrum jedenfalls außerhalb der mittlerweile aufgegebenen römischen Stadt gehabt zu haben. Eine südöstlich des Siedlungshügels gelegene westgotische Nekropole mit rund 50 Grabstellen und einer einfachen Felskirche dürfte in diese Zeit gehören.

Abb. 33: Auf dem Revers dieses augusteischen Bronze-As hat der römische Stier den iberischen Lanzenreiter abgelöst.

Abb. 34: Im 1.680 m² großen Thermalkomplex gab es ein unterirdisch zugängliches, mit einem Tonnengewölbe überdecktes *laconicum* (also eine Sauna).

In Erinnerung an seinen antiken Vorläufer nennt sich das Dorf Valera de Arriba seit 1959 wieder schlicht *Valeria* – und bringt seither bedeutsame römische Überreste wieder ans Licht.

17 LAS VALERAS (VALERIA) – WENN EIN BÜRGERMEISTER ZUGLEICH ARCHÄOLOGE IST

Kastilien-La Mancha

Es sind v. a. die südlichen Ausläufer der durch markante Kalksteinformationen, Schluchten und Waldreichtum gekennzeichneten Serranía de Cuenca, die die Landschaft rund um das Dorf Valera de Arriba prägen. Der etwa 30 km von der Provinzhauptstadt Cuenca entfernte Ort, der seit einem halben Jahrhundert mit dem südlich benachbarten Valera de Abajo die Doppelgemeinde Las Valeras bildet, ist heute allerdings nicht mehr allein für seine naturräumlichen Eigentümlichkeiten bekannt. Das ist v. a. dem Umstand zu verdanken, dass im Jahr 1951 mit dem umtriebigen Francisco Suay Martínez ein archäologisch interessierter Lehrer zum Bürgermeister ernannt wurde, der die Umgebung systematisch auf antike Hinterlassenschaften untersuchen und vor Ort ein entsprechendes Museum einrichten ließ. Ein kurz darauf entdeckter Münzschatz mit auf die 180er Jahre v. Chr. datierbaren Silberdenaren sorgte für die nötige überregionale Aufmerksamkeit, so dass bald darauf oberhalb von Valera weitere Grabungstätigkeit einsetzte. Auf dem sich hier zwischen den tief eingeschnittenen Flusstälern von Río Gritos und Zahorra erstreckenden Höhenrücken zeugen eine Kirchenruine und hoch aufragende Reste einer Abschnittsbefestigung aus dem späten 12. Jh. von dessen Bedeutung für die Kontrolle der umliegenden Landschaft noch im Mittelalter.

Die günstige Lage muss bereits Gaius Valerius Flaccus, zwischen 93 und 82 v. Chr. Prokonsul der *Hispania Citerior*, erkannt haben, als er hier nach Niederschlagung keltiberischer Aufstände eine territoriale Neuorganisation vornahm und eine nach ihm benannte Stadt als Verwaltungszentrum gründete. Jenes *Valeria*, nach Ausweis des älteren Plinius als *oppidum* mit latinischem Recht ausgestattet und dem *conventus Carthaginiensis* zugehörig (Naturgeschichte 3,25), scheint von der Erschließung einiger Kalksandsteinbrüche (die sich noch am Westhang des Siedlungsareals erkennen lassen) profitiert zu haben. Ein eintoriger Brückenrest über den Río Gritos südlich des Bergrückens zeugt noch von der Anbindung *Valerias* an die von *Complutum* zur Mittelmeerküste führenden Straßen, über die der Ort möglicherweise auch an der Ausbeutung der Spiegelsteinminen von *Segobriga* Anteil nahm.

Abb. 35: Markante Mauern: die Substruktionen des augusteischen Nymphäums auf der Ostseite der Forumsterrasse mit der Abschnittsbefestigung aus dem 12. Jh. im Hintergrund.

Seit Mitte der 1970er Jahre lässt sich die frühe urbane Blüte von *Valeria* insbesondere dank der archäologischen Erschließung des zentral gelegenen Forumskomplexes bewundern. Die im späten 1. Jh. v. Chr. auf einer künstlichen Terrasse errichtete Platzanlage ist vom Besucherzentrum in der modernen Ortsmitte aus über die auf den Hügel führende Calle Gran Valeria in wenigen Gehminuten zu erreichen. Einer zweiten Bauphase unter den Kaisern Tiberius und Claudius verdankte das Forum sein idealtypisches geschlossenes Aussehen mit einer Basilika im Norden, einer von *tabernae* gesäumten Zugangstreppe im Süden sowie Amtsgebäuden und einer als Kultbau gedeuteten Exedra im Westen. Auf der letztgenannten Platzseite hatte man durch die Anlage einer Kryptoportikus den Niveauunterschied zum benachbarten Hang ausgeglichen und eben hier haben sich durch einen brandbedingten Versturz im 3. Jh. viele vom kaiserzeitlichen Forum stammende Inschriften, aber auch einige Skulpturen erhalten. Besonders beeindruckend muss seinerzeit allerdings die Ostseite des Komplexes gewirkt haben, von der noch eine über 100 m lange Stützmauer sowie ebenfalls mehrere Läden unterhalb derselben überdauert haben. Das hier auf 85 m Länge rekonstruierbare Nymphäum aus augusteischer Zeit, gespeist von den vier großen Zisternen unter der Platzmitte, muss zu den frühesten und größten römischen Bauten dieser Art gezählt werden (Abb. 35).

In jüngster Zeit – seit 2014 – werden wenige Meter nordwestlich des Forums weitere Reste ergraben, die den herausragenden wasserbautechnischen Kenntnisstand im römischen *Valeria* dokumentieren: Ein zeitgleich zum Nymphäum entstandenes, gut erhaltenes Thermengebäude gibt hier nach und nach Details seiner Ausstattung preis.

Museen/ archäologische Stätten

Ayuntamiento de Valeria

Centro de recepción de visitantes

Calle Castrum Altum, 2

16216 Valeria

T. +34 618649030 / 969208919

https://www.valeriaromana.es/

Wer einen Tagesausflug von Madrid aus machen möchte und einen Faible für archäologische Parks hat, dem sei *Segobriga* empfohlen: Das Erbe Roms lässt sich hier in einer bewundernswerten Landschaft genießen. Erholung pur!

18 SAELICES (SEGOBRIGA) – POLITIK UND ALTERTUM

Kastilien-La Mancha

Er sei ob dieser Entdeckung stolzer, als wenn ihm die Quadratur des Kreises gelungen wäre, soll der Archivar des Ordens von Santiago, Juan Antonio Fernández, begeistert ausgerufen haben, als sich in der 1. Hälfte des 18. Jhs. die Buchstabenfolge *GOBR* am Cabeza del Griego fand. Dabei war das Interesse an diesen ersten Ausgrabungen, die Grablegen im Bereich der sog. westgotischen Basilika, Bauornamentik und Fragmente römischer Inschriften zutage förderten, nicht genuin wissenschaftlich: Es ging um Zuschreibungen und Abhängigkeiten von Bischofssitzen mit ähnlich lautenden Namen – um Segorbe und Segóbriga. Während das Erzbistum Toledo davon ausging, es handele es sich um ein und dieselbe Stadt, postulierte das Erzbistum Tarragona das Gegenteil: nämlich die Existenz zweier Städte, die zum Bistum von Valencia gehörten, das Tarragona in seiner Abhängigkeit sah. Schließlich ließ José Cornide, Mitglied der *Real Academia de la Historia*, in seinem Bericht 1799 keinen Zweifel mehr aufkommen, dass Theater und Amphitheater, die Thermen und das Heiligtum der Diana Überreste Segóbrigas seien.

Vom caput Celtiberiae zum Munizipium der Segobrigenser...

Den Cabeza del Griego, der sich auf der neukastilischen Hochebene, etwa 100 km südwestlich von Madrid, 857 m über dem Meeresspiegel und rund 80 m über dem Ufer des Gigüela erhebt, mag Plinius der Ältere vor Augen gehabt haben, als er von *Segobriga* als *caput Celtiberiae*, dem „Haupt" Keltiberiens, sprach (Naturgeschichte 3,25): Die topographische Situation bot sich für die exponierte Lage eines eisenzeitlichen Castros geradezu an. Das Umland zeichne sich durch Minen aus – so weiter Plinius (36,160) –, in denen *lapis specularis* abgebaut werde. Dieser Spiegelstein ist beinahe so durchsichtig wie Glas und daher als Fensterglas eingesetzt worden: Tatsächlich findet man ihn in Rom wie auch in den Villen Pompejis. Der Export bildete mit Sicherheit eine der Grundlagen des wirtschaftlichen Wohlstandes *Segobrigas*, das an die Achse *Carthago Nova* (Cartagena) – *Complutum* (Alcalá de Henares) ebenso angebunden war wie an die Trasse *Caesaraugusta* (Zaragoza) –

Abb. 36: Luftaufnahme Segóbrigas von Nordosten.

Augusta Emerita (Mérida). Er spiegelte sich mithin im Stadtbild und dem kaum vorstellbaren Aufwand, mit dem man zur Zeit des Augustus die natürliche Felsformation des Hügels veränderte und durch Terrassierungen künstliche Plateaus schuf (Abb. 36).

Das Forum – mit 38 x 32 m lichter Grundfläche – muss um 15 v. Chr., als Augustus zum dritten und letzten Mal nach Hispanien reiste, bereits existiert haben. Der Hauptzugang auf der Westseite wurde mit

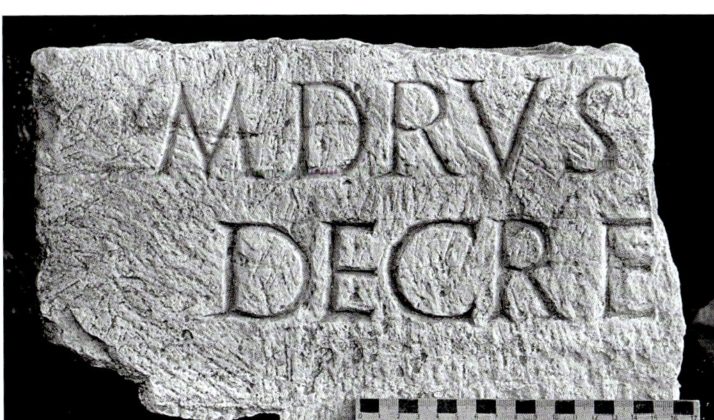

Abb. 37: Inschrift vom Forum mit Dekret des *ordo decurionum* aus dem Jahr 15 v. Chr.

Museen/ archäologische Stätten

Parque Arqueológico de Segóbriga

Carretera Carrascosa de Campo a Villamayor de Santiago, s/n

16340 Saelices (Cuenca)

T. +34 629752257

https://cultura.castillalamancha.es/patrimonio/parques-arqueologicos/segobriga

Tipp

Archäologisches Museum für die Fundplätze Ercavica, Valeria und Segobriga:

Museo de Cuenca

Calle Obispo Valero, 12

16001 Cuenca

T. +34 969213069

https://cultura.castillalamancha.es/museos/nuestros-museos/museo-de-cuenca

drei großen Torbögen gestaltet; ein kleiner Tempel, eine *curia* im Südosten, zweischiffige Säulenhallen im Norden und Süden sowie eine Basilika im Osten rahmen den Platz ein. Die Funktion der Platzanlage belegt die älteste bislang bekannte Inschrift der Stadt in Form einer Beschlussfassung durch den lokalen *ordo decurionum* (Abb. 37, S. 69). Die Pflasterung hat ein gewisser *[...]ulus Spantamicus* aus eigenen Mitteln veranlasst; seine Freigiebigkeit zeigt sehr schön, wie sich die lokalen einheimischen Eliten in diesem Prozess städtischer Umgestaltung engagierten. In den folgenden Jahrzehnten entstehen – neben einer weiteren, großzügigen Thermenanlage in der Nähe des Forums – das Theater und das Amphitheater im Norden sowie im Osten außerhalb der Stadtmauern mit Kapazitäten von rund 3.000 bzw. 5.500 Zuschauern. Nördlich der Stadt befand sich zudem der Circus, der in der Mitte des 2. Jhs. und ohne Rücksicht auf die vorhandenen Bestattungen buchstäblich auf der frühkaiserzeitlichen Nekropole entstanden ist. Die rege Bauaktivität in augusteischer wie in flavischer Zeit scheint sich v. a. auf die Errichtung öffentlicher Bauten konzentriert zu haben. So ist z. B. östlich des Stadtberges ein Heiligtum zu vermuten. Wohnbebauung scheint es dagegen nicht gegeben zu haben. Unter Umständen handelt es sich auch bei *Segobriga* um eine jener „Städte ohne Stadt" (*ciudades sin urbe*) und man hatte wie im Falle von *Munigua* einen Bezugspunkt und Zentralort geschaffen, an dem man v. a. zwecks administrativer Belange und zum Besuch von Thermen oder Spielstätten zusammenkam.

...und zum Bischofssitz Segobriga

Einen dritten Bauschub zog die Christianisierung nach sich, entsteht doch in der 1. Hälfte des 5. Jhs. in einer Entfernung von rund 750 m nördlich der Stadtmauer eine Basilika in dem *suburbium*, dessen Genese auf das 1. Jh. v. Chr. zurückgeht, als sich parallel entlang der Ausfallstraße nach *Complutum* eine Nekropole entwickelte (Abb. 38a–b). Diese ergänzen im Laufe der Jahrhunderte Werkstätten, Landwirtschaftsbetriebe und auch *villae*, so dass sich das *suburbium* nach und nach urbanisiert. Die dreischiffige Basilika mit Krypta komplettiert in unmittelbarer Nähe ein Baptisterium mit oktogonalem Grundriss. Zu Beginn des 6. Jhs. schließen sich zudem weitere Bauten an, die hinsichtlich Baustil und Materialien identisch sind, so z. B. zwei rechteckige Bauten mit Innenhöfen. Vielleicht handelt es sich um Annexbauten der Kirche, in denen sich die Unterkünfte für den örtlichen Klerus befanden, möglicherweise aber auch um ein *xenodochium*. Ab Beginn des 7. Jhs. nutzte man die Basilika offensichtlich als Grablege der Bischöfe; zumindest legen das zwei Sarkophage in der Krypta nahe, die man gemeinhin mit den Bischöfen Nigrinus und Sefronius, die ihr Amt

 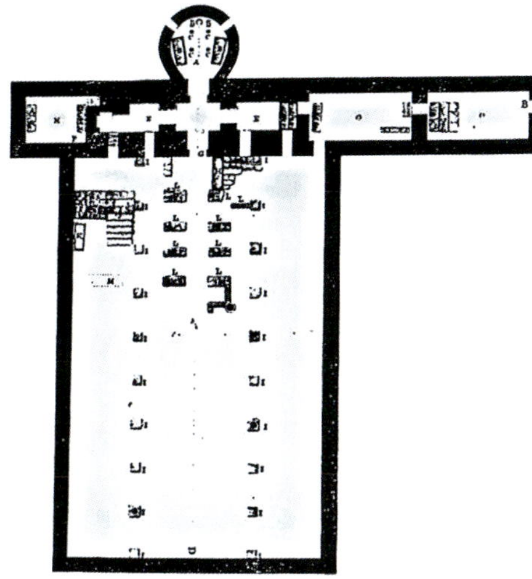

in der 2. Hälfte des 6. Jhs. bekleideten, in Verbindung gebracht hat. Noch in der Mitte des 8. Jhs. erfährt die Krypta bauliche Reformen, dann bricht der Befund jedoch ab. Zu dieser Zeit war im benachbarten Circus bereits ein rechteckiger Bau mit Innenhof entstanden, der unter Umständen eine Schutzfunktion erfüllte. Im Stadtinneren legen Fragmente von westgotischer Bauornamentik, die in das 6. Jh. datieren, die Existenz einer weiteren Basilika – vielleicht sogar des Bischofssitzes – nahe, doch lassen die Fundumstände diesen Schluss (noch) nicht zu.

Abb. 38a–b: Die sog. westgotische Basilika, deren Datierung in die 1. Hälfte des 5. Jhs. nicht unumstritten ist. Aus- und Umbauten werden für das 6. und 7. Jh. angenommen.

Der Bischofssitz, dessen exakte Lage man seit der Frühen Neuzeit zu bestimmen suchte, weil die Territorialordnung in der Form wiederhergestellt werden sollte, wie sie vor der militärischen Landnahme durch die Umayyaden bestanden hatte, hat ausweislich seiner Bischofsliste erst ab dem Jahre 589 bestanden: Ein gewisser Proculus vertritt *Segobriga* auf dem 3. Konzil von *Toletum* (Toledo) in diesem Jahr, seine Nachfolger lassen sich dann beinahe lückenlos bis 693 benennen, als das 16. Toletanum stattfindet. Zur Amtszeit des Proculus existierte die Basilika aber schon über eineinhalb Jahrhunderte – eine interessante Diskrepanz zwischen archäologischem Befund und schriftlicher Überlieferung, die nach wie vor der Aufklärung harrt.

Die Westgoten wählten die Mitte der Iberischen Halbinsel für die Hauptstadt ihres Reiches aus, das sich damit von *Tolosa* nach *Toletum* verlagerte – eine Entscheidung mit Konsequenzen, die die nationalkatholische Geschichtsschreibung Spaniens noch heute glorifiziert.

19 TOLEDO (TOLETUM, TULAYTULA) – VIELERLEI NAMEN, EIN ERINNERUNGSORT

Kastilien-La Mancha

Die Stadt ist einer **der** Erinnerungsorte der Geschichte Spaniens: durch die christliche Rückeroberung 1085, auf die die päpstliche Bestätigung des Primats nur wenig später folgte, die den Erzbischof von Toledo zu einem der mächtigsten Fürstbischöfe Spaniens werden ließ; als Sitz der sog. Übersetzerschule von Toledo im 12. und 13. Jh. und mithin bedeutendes Zentrum für die Verbreitung arabischer Schriften. Dann rührte ihr Prestige von der Tatsache her, Residenz des Königreichs der Westgoten und des Königreichs Kastilien sowie Hauptstadt Spaniens gewesen zu sein, bis Philipp II. 1561 Madrid diesen Status zusprach. Und schließlich wurde die „Befreiung" des Alcázar durch die Truppen Francos im Spanischen Bürgerkrieg in Berichterstattung, Funk und Film – nicht zuletzt im nationalsozialistischen Deutschland – wirkungsvoll und nachhaltig zum Gründungsmythos des franquistischen Staates stilisiert.

Toletum – die große Unbekannte

Das *Toletum*, das sich durch seine geringe Größe von nur etwa 5 ha, die Felsformationen und den *Tagus* (Tajo), der es umgab, hervorragend verteidigen ließ; das geostrategisch günstig lag, weil sich hier die entscheidenden Straßen für die Verbindung von Norden nach Süden und von Nordosten nach Südwesten kreuzten (*Barcino*, *Caesaraugusta*, *Hispalis* und *Merida* verbindend) und mithin gut kontrollieren ließen; und das wirtschaftlich gesehen eben diese Lage – wie die Landwirtschaft und die Transhumanz – für den überregionalen Handel zu nutzen verstand: Dieses *Toletum* ist hinsichtlich seiner Urbanistik und architektonischen Ausstattung beinahe gänzlich unbekannt. Das gilt insbesondere für die Kaiserzeit, aber auch für die Zeit der Westgoten, in der es als *urbs regia* fungierte (Abb. 39).

Ein Teil der Faszination, die die westgotische Kirche ausübt, rührt mithin auch von ihrer Unsichtbarkeit. Denn konträr zu der Bedeutung, die die bis in die 1980er Jahre dominierende nationalkatholische Ge-

Abb. 39: Ansicht Toledos, die die Stadt in den Jahren des Übergangs zwischen Spätantike und Frühmittelalter zeigt.

schichtsschreibung ihr beigemessen hat, steht die materielle Evidenz: Wie Toledo selbst sind seine Kirchen so gut wie nicht bekannt. Bekannt sind allein diejenigen, in denen die jeweiligen Provinz- und Generalkonzile – die *Toletana* – stattfanden (Abb. 40, S. 74), aber sie sind es aufgrund der schriftlichen Überlieferung und (noch) nicht aufgrund bauhistorischer Untersuchungen: die extra muros (Vega Baja) gelegene Basilika der Leokadia (Cristo de la Vega), die Kirche der Apostel Petrus und Paulus – auch als *ecclesia Praetoriensis* bezeichnet –, an die sich in der 1. Hälfte des 7. Jhs. das Palatium und das Prätorium anschließen sollten. In Folge urbanisierten zudem Wohnbauten das *suburbium*, während intra muros, *in Toletana urbe*, neben einer der Gottesmutter Maria geweihten Basilika (der heutigen Kathedrale) der Bischofspalast entstand. Möglicherweise orientierte man sich bei diesen Um- und Ausbauten an Komplexen, wie sie in Rom und Konstantinopel zu finden waren, gestaltete die Stadt also im Stile einer *aemulatio imperii*.

Das „spanische Rom"

Indem Leovigild die Stadt zur *urbs regia* gemacht und damit dem Westgotenreich nach Jahrzehnten, in denen Städte wie *Narbona*, *Barcino* und *Merida* zeitweise diese Funktion wahrgenommen hatten, erstmals seit dem Fall *Tolosas* an die Franken wieder eine Hauptstadt gegeben hatte, war sie in verwaltungstechnischer Hinsicht und im Rahmen einer nach wie vor „imperialen Ordnung" – wenn auch unter veränderten Vorzeichen – zweifelsohne relevant. Schwieriger war es, unter den vie-

Abb. 40: Die Kirche San Román, die seit 1971 als Sitz des Museo de los Concilios y de la Cultura Visigoda fungiert. Die Krypta des dreischiffigen Kirchenbaus geht auf die Westgotenzeit zurück.

lerlei Städten auf der Iberischen Halbinsel als „erste" Stätte des Christentums größere Bedeutung zu erlangen: Denn jede der drei ehemaligen Provinzhauptstädte verfügte über Märtyrer, die als ihre Patrone fungierten; dieses Ansehen genossen auch einstige *conventus*-Hauptorte wie *Caesaraugusta* oder selbst eine Kleinstadt wie *Gerunda* (Gerona). Gundemar erließ zu Beginn seiner Herrschaft im Jahre 610 ein Dekret, das Toledo vom einfachen Suffraganbistum innerhalb der *Carthaginiensis* zum Metropolitansitz aufwertete – ein Status, den bis dahin *Carthago Nova* innegehabt hatte. Die Echtheit des Dokuments ist beständig in Frage gestellt worden, aber Tatsache ist, dass die Stadt von diesem Zeitpunkt an Metropolitansitz der gesamten Region wurde – entweder durch das authentische *Decretum Gundemari* angestoßen oder nachträglich durch ein unechtes Dokument legitimiert. Und schließlich etablierte Julian auf dem 12. Toletanum 681 den Primatsrang Toledos, indem er verfügte, dass die Auswahl der Kandidaten für die Besetzung der Bistümer aller Kirchenprovinzen und deren Ordination allein dem Bischof der *urbs regia* obliege. Durch dieses *iudicium episcopale* wurde der Bischof von Toledo zum mächtigsten des Westgotenreiches.

Zwischen Realität und Mythos

Insgesamt 12 Generalkonzile fanden in Toledo statt; mit Ausnahme des 3. Toletanum tagten alle im 7. Jh., sechs im Zeitraum von 633 bis 656 und fünf von 681 bis 694. Sie wurden einberufen, wenn es um fundamentale Glaubensfragen wie die Konversion zum Katholizismus im Jahre 589 ging. Johannes von Biclaro verglich Rekkared in seiner Chronik mit Konstantin in Nizäa, womit er ihn in eine Tradition „allerchristlichster" Kaiser stellte und die konfessionelle Einigung des Reiches zur Kulmination der territorialen Einigung stilisierte: *Regnum Gothorum* und kirchliches *regnum* waren nun eines. Die Werke der Historienmalerei, die die Ausbildung eines Mythos in nicht geringem Maße befördert haben, zeigen jedoch byzantinische Kirchen Italiens – so z. B. *La Conversión de Recaredo* (1888) von Antonio Muñoz Degrain. Der Künstler hat den Moment festgehalten, in dem der Westgotenkönig in Anwesenheit von Königin Badda und Bischof Leander dem Arianismus in der Basilika der Heiligen Leokadia von Toledo am 8. Mai 589 abschwor (Abb. 41). Das Kircheninterieur war jedoch das von Sant'Apollinare in Classe und die Kleidung des westgotischen Königspaares die von Justinian und Theodora in San Vitale in Ravenna. Hätte er den Innenraum einer der westgotischen Quaderbauten gezeigt, wie sie inzwischen von außerhalb Toledos bekannt sind (so San Juan de los Baños, San Pedro de la Nave, Santa María de Quintanilla de las Viñas, Santa de Combre de Bande), dann hätte dieser Anblick die Vorstellungskraft der Nachwelt wohl weit weniger beflügelt.

Museen/ archäologische Stätten

Museo de los Concilios y de la Cultura Visigoda

Plaza de San Román, s/n

45002 Toledo (Castilla-La Mancha)

T. +34 925227872

https://cultura.castillalamancha.es/museos/nuestros-museos/museo-de-los-concilios

Abb. 41: Das Gemälde von A. Muñoz Degrain – *La Conversión de Recaredo* (1888) – hängt im Senat in Madrid.

Gängigen Handbuch-Darstellungen zufolge existierte das Westgotenreich von Toledo rund 200 Jahre lang. Umso erstaunlicher ist es, dass aus dieser Zeit lediglich eine Stadtgründung ex novo bekannt ist – *Reccopolis*, rund 105 km östlich von Madrid, in der Nähe des heutigen Dörfchens Zorita de los Canes in der Provinz Guadalajara gelegen.

20 ZORITA DE LOS CANES (RECCOPOLIS) – EINE GRÜNDUNG DES LEOVIGILD

Kastilien-La Mancha

Der Bischof und Historiograph Johannes von Biclaro verzeichnete für das Jahr 578, das 10. Jahr der Herrschaft des Leovigild, dass der König eine Stadt in Keltiberien gegründet und nach seinem Sohn benannt habe. Er habe sie mit überwältigenden Bauten ausgestaltet – sowohl innerhalb als auch außerhalb der Stadtmauern – und den Bewohnern der Neugründung eine privilegierte Behandlung zukommen lassen. Auch Isidor von Sevilla berichtet in seiner *Historia Gothorum*,

Vandalorum, Suevorum von dieser Stadtgründung, die er in Zusammenhang mit der Konsolidierung des Königreichs sieht; sei doch Leovigild der erste Westgotenkönig gewesen, der den Fiskus vergrößert habe. Sowohl der König selbst als auch sein Sohn Rekkared ließen vor Ort Münzen prägen, die die Legende *RECCOPOLI FECIT* aufweisen. Jedenfalls kann die Stadtgründung als Teil des Programms der „Imperialisierung" Leovigilds gesehen werden, das sich z. B. auch anhand seines Hofzeremoniells zeigte: Er sah sich Byzanz ebenbürtig, nachdem er militärische Erfolge verzeichnen und die Okkupation Ostroms zurückdrängen hatte können.

Ein Spaziergang durch Reccopolis

Nach der Gründung im Jahre 578 bestand die Stadt wenigstens für zweieinhalb Jahrhunderte. Innerhalb dieses Zeitraums lassen sich zwei Bauphasen ausmachen: eine im späten 6. und eine im frühen 8. Jh.; *Reccopolis* besteht letztlich bis in die 1. Hälfte des 9. Jhs. fort. Am Anfang stand die Terrassierung des Cerro de la Oliva, die gewissermaßen für eine Hierarchisierung dieses Geländes von rund 33 ha sorgte,

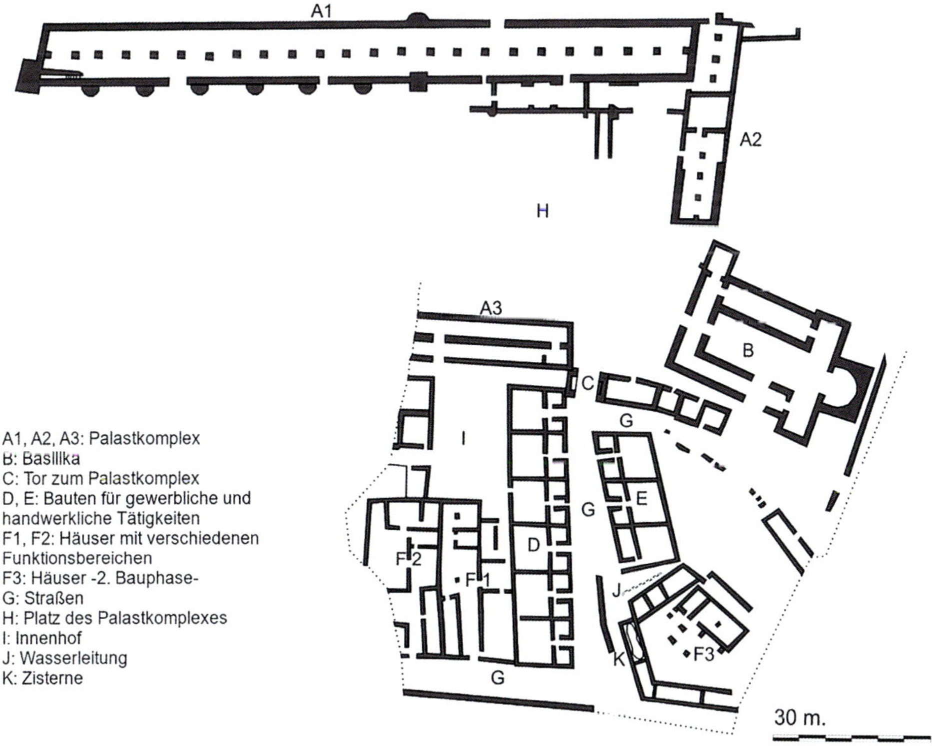

Abb. 42a–b: Luftbild des Archäologischen Parks sowie Plan mit Legende.

Museen/ archäologische Stätten

Parque Arqueológico de Recópolis

Carretera de Almoguera, s/n

19119 Zorita de los Canes (Guadalajara)

T. +34 949376898

https://cultura.castillalamancha.es/patrimonio/parques-arqueologicos/recopolis

das der *Tagus* (Tajo) im Norden begrenzt. Aufgrund des Bedarfs an Baumaterialien kam es zu einer Öffnung von Steinbrüchen im Umkreis von 2 km und zu umfangreichen Waldrodungen. Das städtische Territorium umfasste strictu sensu etwa 21,5 ha und war von Mauern mit einer Gesamtlänge von 1,9 km umgeben. Diese Stadtmauern waren 2 m breit und mit einigen Türmen ausgestattet: Das monumentale und einzige aktuell sichtbare Stadttor flankierten zwei solcher Türme mit einem rechteckigen Grundriss von 5,50 x 5 m, ihre Höhe betrug 5,8 m. Der Palastkomplex, von dem bisher rund 1,4 ha ergraben worden sind, war von weit her zu sehen. Er bestand aus drei Bauten (A1, A2, A3) und einer Kirche, die sich um einen großen Innenhof (H) gruppierten, der etwa 5600 m² groß war (140 x 40 m) (Abb. 42a–b, S. 76–77).

Der im Norden liegende Bau (A1) besitzt einen langgestreckten Grundriss und wurde v. a. auf seiner Südseite von mehreren halbrunden Vorblendungen verstärkt; in Gänze ist er 137 m lang und zwischen 12 und 18 m breit. Insgesamt 24 Säulen trugen ein 2. Stockwerk. Ein weiteres Gebäude (A2) bildete gemeinsam mit einer Basilika die Ostseite des Innenhofes, und zwar in einer Länge von 40 m und einer Breite von 10 m; auch hier sind Säulenreihen belegt. Das dritte Gebäude (A3) schließt den Innenhof zum Süden hin mit einer Länge von 111 m und einer Breite von 9,13 m ab; in diesem Fall teilte eine Mauer den Raum in zwei Schiffe von je 3 m Breite. Die Basilika (B) – 41 m lang und zwischen 21 und 25 m breit – wies einen kreuzförmigen Grundriss auf (Abb. 43).

Allen Gebäuden gemeinsam waren zwei Stockwerke, wobei die *opus signinum*-Böden und die Architekturornamentik darauf verweisen, dass das obere sorgfältiger gestaltet war, während man das untere lediglich mit einer Schicht Kalkmörtel gepflastert hatte. Offenbar wurden – wie in dieser Zeit üblich – Materialien aus der Kaiserzeit wiederverwendet. An der Hauptverkehrsstraße befanden sich zwei große Gebäude – 54 x 12 m maß das westlich (D), 27 x 12 m das östlich gelegene (E) –, die Werkstätten und Läden beherbergten, in denen Glas und Schmuck gefertigt und verkauft wurden, aber auch Importe aus dem Mittelmeergebiet. Beispielhaft sei zudem auf zwei Häuser von 446 bzw. 459 m² Fläche verwiesen, die sich im Westen an die Werkstätten anschlossen (F1, F2): Um offene Innenhöfe herum gruppierten sich unterschiedlich genutzte Räume; bei den Bewohnern dürfte es sich ausweislich von Amphoren aus Nordafrika, Geschirr und Glas um Mitglieder der städtischen Elite gehandelt haben. Die Wasserversorgung erfolgte auf zwei verschiedene Arten und Weisen: Der Palastkomplex wurde mittels eines Aquäduktes versorgt, während der restliche Bereich der Stadt mit Zisternen ausgestattet war – ein System, das man auch in anderen Städten wie *Tarracona* und *Merida* in dieser Zeit nutzte. Neben Viehzucht

Abb. 43: Teile eines Torbogens der Basilika.

betrieb man Getreideanbau – Weizen, Gerste und Roggen –, produzierte aber auch Wein und Olivenöl. Die Stadtgründung motivierte zudem eine Reorganisation im Straßensystem: Tatsächlich wurde *Reccopolis* gegen Ende des 6. Jhs. zum Verkehrsknotenpunkt zwischen der Zentralmeseta und der Levanteküste. Und auch wenn es rund einhundert Jahre später offensichtlich zu Transformationen im innerstädtischen Bereich kam, also bspw. die Werkstätten schlossen und der Handel weitgehend zum Erliegen kam, spielte die Stadt noch unter der Herrschaft der Umayyaden eine zentrale Rolle.

Die Neugründung der Stadt bedeutete für Leovigild eine Demonstration seiner Macht – auch im Sinne einer Kontrolle der Ressourcen im Umland und gegenüber der Kirche, denn er stattete *Reccopolis* zwar mit Speichern für Überschussproduktion und mit einer Prägestätte aus, nicht aber mit einem Bischofssitz. Folgerichtig nannte Isidor ihn *inreligiosus*. Seinem Ruhm als Städtegründer schadete das nicht.

Wo frühneuzeitlich Kakao- und Zuckerimporte von der galizischen Küste und Jakobsweg-Pilger – deren Weg gen Westen noch heute hier hindurchführt – aufeinandertrafen, war es im antiken Astorga v. a. der Vorgang der Erschließung und Verwaltung der umliegenden Edelmetallvorkommen, der für urbane Prosperität sorgte.

21 ASTORGA (ASTURICA AUGUSTA) – EINE URBS MAGNIFICA ALS VERWALTUNGSZENTRUM DER GOLDMINEN DES NORDWESTENS

Kastilien-León

Nach zehn Jahren Krieg gegen die *Cantabri* und die *Astures* waren 19 v. Chr. auch die letzten Landschaften nördlich des Duero endlich in römischer Hand. Der dauerhafte Umgang mit den notorisch aufständischen Stämmen im Nordwesten der Iberischen Halbinsel wird Augustus, als er einige Jahre darauf selbst jenes – immer noch durch mehrere Legionen gesicherte – Gebiet bereiste, länger beschäftigt haben. Mit der *Tabula Lougeiorum* und dem Edikt von El Bierzo geben zwei besondere epigraphische Zeugnisse, die 1983 und 1999 im Grenzgebiet von Kastilien-León zu Galicien gefunden wurden, Auskunft über einige der folgenden administrativen Maßnahmen des Kaisers. Im letztgenannten, auf das Jahr 15 v. Chr. datierbaren Dokument ist zunächst von Privilegierungen für indigene, den Römern treu gebliebene Gemeinden in der noch gesonderten *Transduriana provincia* die Rede. Die andere der beiden Bronzetafeln (deren Echtheit wohlgemerkt immer mal wieder in Zweifel gezogen wird) spricht für die Zeit um das Jahr 1 n. Chr. von einer *Ara Augusta*, zeigt demnach, dass der römische Kaiserkult in dieser Umgebung Einzug gehalten hatte. Wichtiger Schauplatz dieser Zäsuren war zweifellos die Neugründung *Asturica Augusta*, die wiederum etwas später als Hauptstadt des *conventus Asturum* noch an Bedeutung gewinnen sollte.

Tipp

Die im Rahmen der „Ruta Romana" entstandene Online-Anwendung „Astúrica Emerge" überblendet – dank einer Karte nachspürbar – rezente Stadtansichten anschaulich mit Rekonstruktionen der antiken Befunde und verbindet dies mit einem zweisprachigen (spanischen und englischen) Audioguide:

http://emerge.asturica.com/index.php?v=ing

Nach dem Militär kamen Beamte – und der Luxus

Ein für die Legio X Gemina errichtetes Kastell, gelegen auf dem Geländesporn zwischen den jetzt Jerga und Tuerto genannten Flüssen, darf als Keimzelle der Stadt gelten. Was zunächst für die Kontrolle mehrerer Überlandverbindungen bedeutsam war – wer vom Ebro oder aus dem südlichen Landesinneren nach *Lucus* oder *Bracara* wollte, musste *Asturica* passieren – sollte sich bald als vorteilhaft auch bei der systematischen Ausbeutung der regionalen Bodenschätze erweisen.

Nicht nur für die etwa 60 km westlich gelegenen Goldvorkommen von Las Médulas war *Asturica* – insbesondere seit der Regierungszeit des Tiberius – vorrangiges Nachschub- und Verwaltungszentrum. Vielmehr befanden sich mit den Minen von Las Miédolas (bei Las Omañas), Los Arrotos-Laguna Cernea (bei Santa Colomba de Somoza) und dem immerhin 4.000 ha Fläche einnehmenden Komplex von Valduerna-Teleno (zwischen Lucillo und Luyego de Somoza) mehrere Bergbaugebiete in einem Umkreis von 15 bis 30 km – und damit deutlich näher an der Stadt. Wenngleich der genaue juristische Status *Asturicas* vor der hohen Kaiserzeit noch unsicher ist, zeigen die inschriftlich bezeugten Amtsträger die wachsende Bedeutung des Ortes als Zentrum der überregionalen Finanzverwaltung – gerade auch im Kontext der in Richtung Mittelmeer geleiteten Goldtransporte. So fanden sich hier neben dem *legatus iuridicus* und den *flamines* des Provinzialkults eben auch ein *procurator per Asturiam et Gallaeciam* sowie ein *procurator metallorum*.

Museen/ archäologische Stätten

Museo Romano de Astorga

Plaza San Bartolomé, 2
24700 Astorga
T. +34 987616937
http://www.asturica.com/horarios_in.php

Vom Wohlstand dieser Eliten, die in der – mit wohl 3.000 bis 5.000 Einwohnern – eher mittelgroßen Stadt verhältnismäßig breit vertreten gewesen sein dürften, gab die Bautätigkeit insbesondere ab flavischer Zeit einen anschaulichen Eindruck. So existierten neben den im Stadtzentrum gelegenen „Großen Thermen" sowie den „Kleinen Thermen" an der westlichen Stadtmauer auch mehrere private Bäder, die den zahlreichen, mit Wandmalereien und Mosaiken reich ausgeschmückten Wohnhäusern angegliedert waren. Einige dieser *domus* nahmen mit ihren Peristylhöfen ganze Straßenblöcke von über 2.000 m² Fläche ein und haben mehrfach Umbauten erlebt. Die Benennung *Asturicas* als „prächtige Stadt" durch Plinius den Älteren hatte gewiss ihre Berechtigung.

Mit dem Ende der Goldförderung scheint um die Mitte des 3. Jhs. auch die Quelle des Reichtums für *Asturica*, das unter Caracalla kurzzeitig sogar zur Hauptstadt der Teilprovinz *Hispania nova citerior Antoniniana* geworden war, versiegt zu sein. Von den Asturicenser Bischöfen abgesehen, die bereits in diesen Jahren ein bis zu Cyprian von Karthago vordringendes und von ihm kritisiertes Eigenleben entwickelt hatten, hören wir bis weit in die Spätantike nur noch wenig von der Stadt.

Die Archäologie des antiken Astorga

Die nachhaltige zivile Prägung der Stadt spiegelte sich auch im alsbaldigen Schwinden ihrer militärischen Funktionen. Bereits um 15 n. Chr. wurde die Legio X, deren vorherige Präsenz in *Asturica* durch Grabsteine, gestempelte *terra sigillata* und sog. Vogelkopflampen belegt ist, in ein neues Standlager rund 50 km südlich (beim heutigen

Rosinos de Vidriales) verlegt. In Astorga sind folgerichtig so gut wie keine Spuren des ursprünglichen *castrum* mehr zu finden. Lediglich an einer Stelle (an der Häuserzeile zwischen Calle Río Ería und dem Paseo Blanco de Cela, etwa 500 m südlich der Kathedrale) konnte ein Abschnitt der frühen hölzernen Lagerumwallung erfasst werden. Der wehrhafte Eindruck der monumentalen steinernen Befestigung mit ihren in dichten Abständen stehenden Halbrundtürmen, von der hier an der Südwestseite der Stadt sowie östlich der Kathedrale noch einige 100 m sichtbar sind, stammt hingegen aus dem späten 3. oder frühen 4. Jh. (Abb. 44). Die Mauerpartien haben allerdings mehrere mittelalterliche Reparaturphasen – insbesondere Anfang der 1240er Jahre – erlebt.

Das gut erhaltene (in Teilen rezent weiterhin genutzte) römische Abwassersystem mit mannshohen unterirdischen Kanälen half bei der Rekonstruktion des ansonsten im modernen Stadtbild kaum mehr sichtbaren orthogonalen Straßenrasters. Wegen großflächiger Überbauung rund um die Plaza España heute gleichsam schwer vorstellbar sind die einstigen Dimensionen der hier zu verortenden frühkaiserzeitlichen Platzanlage von annähernd 30.000 m^2 Fläche.

Seit dem Jahr 2000 bietet wenige Schritte weiter südlich das Museo Romano an der Plaza San Bartolomé Hilfestellungen zu diesen Fragen. Gelungen bindet das dreigeschossige Museumsgebäude die sog. Ergastula mit ein, ein knapp 60 m langes und mehr als 5 m hohes Tonnengewölbe aus *opus caementicium*, dessen einstige Funktion noch nicht abschließend geklärt ist. Überzeugend ist die Lesart, die die ursprünglich im Zentrum der besagten gewaltigen Platzanlage stehende Ergastula als Teilstück eines Altar- oder Tempelunterbaus sieht, der dann das rituelle Herzstück eines entsprechend monumentalen Forums gewesen wäre.

Abb. 44: Vom Parque Del Melgar gut sichtbar: ein Abschnitt der spätantiken Stadtmauer (vor dem von Antoni Gaudí gestalteten neogotischen Bischofspalast).

Man sieht es ihr wahrlich nicht an – dass hier Theodosius der Große, einer der drei Kaiser hispanischer Herkunft, geboren worden sein soll, würde man nicht vermuten, wenn man durch Coca schlendert.

22 COCA (CAUCA) – HEIMATSTADT EINES CHRISTLICHEN KAISERS

Kastilien-León

Abb. 45: Theodosius I. Die Vorderseite der Münze zeigt eine drapierte und gepanzerte Büste mit Diadem; die Legende lautet: *D N THEODOSIVS PF AVG.*

Über eine Vielzahl hervorragender Städte verfüge Hispanien, ein vom Glück gesegnetes Land; so pries der aus Gallien stammende Latin(i)us Pacatus Drepanius im Sommer des Jahres 389 n. Chr. im Rahmen einer Festrede in Gegenwart von Kaiser, *consistorium* und Senat die Heimat des Theodosius (Panegyrikus 2[12] 4,2-4) (Abb. 45). Diese Bilder, die er zu evozieren suchte, waren nicht allein dem situativen Kontext der Rede und der Verpflichtung des Rhetors, das Land zu loben, geschuldet: Sie waren so real wie „die erfahrensten Feldherrn, die fähigsten Redner, die berühmtesten Dichter" – also Größen wie Viriathus, die beiden Seneca, Quintilian, Lucan, Martial – und nicht zuletzt Herrscher wie Trajan und Hadrian, die Pacatus außerdem als Ausweis für die Vortrefflichkeit des Landes bemühte. Städte wie die Hauptstadt der *Gallaecia* – der Provinz im Nordwesten der Iberischen Halbinsel, aus der Theodosius stammte –, *Bracara Augusta* (Braga), zwischen *Minius* (Miño) und *Durius* (Duero), nahe der Küste des Atlantischen Meeres inmitten fruchtbaren Landes und unweit der Region der Goldminen gelegen, blühten: Der Handel prosperierte, öffentliche wie private Bauten wurden geradezu programmatisch neugestaltet und vergrößert, ja man baute aus repräsentativen Gründen noch eine Stadtmauer.

Aus *Cauca*, der Geburtsstätte dieses römischen Kaisers, sind jedoch keine Überreste bekannt, sieht man einmal von einem Stück Stadtmauer und einem Stadttor ab: Lediglich eine moderne Büste erinnert an den 11. Januar 347 und mithin den Geburtstag Theodosius' des Großen; verstorben ist er in *Mediolanum* (Mailand) am 17. Januar 395. Augenscheinlich hatte er im Unterschied zu Hadrian keinerlei Interesse daran, die Stadt, in der er als Sohn des Flavius Theodosius auf die Welt gekommen und in der er aufgewachsen war, rechtlich zu privilegieren und mit repräsentativen Bauten auszustatten. Ein *Italica* sollte man hier nicht suchen.

Museen/ archäologische Stätten

Tipp

Private Website zur markanten Burg (und weiteren kulturgeschichtlichen Projekten) des Ortes, die hier auch kurz u.a. die antiken Hinterlassenschaften vor Ort vorstellt:

http://www.castillodecoca.com/p/patrimonio-historico-de-coca.html

Tragisch-verklärter Schauplatz des letzten Widerstands einer heroischen indigenen Bevölkerung gegen die übermächtige Militärmaschinerie der römischen Eroberer – oder zugespitzt formuliert: Was den Franzosen Alesia und den Israelis Masada, ist *Numantia* den Spaniern.

23 GARRAY (NUMANTIA) – VOM „FEURIGEN KRIEG“ ZUR EPISCHEN KULISSE IM KARGEN HOCHLAND KELTIBERIENS

Kastilien-León

Nicht einzelne Schlachten, sondern jahrelang ununterbrochene, mit aller Vehemenz ausgetragene Kämpfe hätten die römische Auseinandersetzung mit den keltiberischen Stämmen zu einem „feurigen Krieg“ gemacht, weiß Polybios zu berichten. Schwieriges gebirgiges Terrain prägt die Landschaft zwischen Ebro und nördlicher Meseta, von der der Historiograph, im Gefolge des Feldherren Scipio Aemilianus mutmaßlich selbst Augenzeuge der Kampagne gegen die Numantiner, einen nachhaltigen Eindruck gewonnen haben dürfte. Dass nur Dunkelheit und harte Winter den stetigen Feldzügen jenes 133 v. Chr. beendeten *bellum numantinum* Unterbrechungen verschafften, ist auch heute noch leicht zu glauben: Die strukturschwache Provinz Soria, in deren gleichnamigem Hauptort das archäologische Museum die Funde der Umgebung verwahrt, ist extrem dünn besiedelt. Die neben zahlreichen Notizen etwa bei Strabo und Plinius dem Älteren auch durch längere Passagen bei Livius und Appian bezeugte Prominenz des antiken *Numantia*, gelegen rund 7 km nördlich von Soria, sorgte dennoch schon vergleichsweise früh für überregionale Aufmerksamkeit.

Tipp

Die 2017 anlässlich des 2150. Jahrestages der Belagerung als multimediales Buch konzipierte Online-Anwendung „Numancia: arqueología e historia“ vereint – auch in deutscher Übersetzung – zahlreiche Texte zur Erforschung und Rezeptionsgeschichte Numantias mit Fotos, Karten, Plänen, 3D-Rekonstruktionen, einer Bibliographie und einem noch deutlich mehr Dokumente umfassenden Appendix:

https://www.numanciamultimedia.com/de

Archäologie im Schatten eines nationalen Mythos

Um 1582 – die historische Identifizierung des Ortes auf dem 67 m hohen Hügel *La Muela* oberhalb des Dorfes Garray lag da erst wenige Jahre zurück – schöpfte Miguel de Cervantes aus der reichhaltigen Quellenlage und verarbeitete diese literarisch zu seiner Tragödie *„El cerco de Numancia“* oder kurz *„La Numancia“*. Das Stück zelebrierte die im kollektiven Selbstmord gipfelnden Widerstandshandlungen der von Scipio eingeschlossenen Numantiner als exemplarischen Freiheitskampf und wurde Anfang des 19. Jhs. im napoleonisch besetzten Spanien unter diesen Vorzeichen als nationales Epos adaptiert.

In Numancia selbst markieren bis heute mehrere zwischen 1842 und 1905 errichtete Monumente auf der Hügelkuppe weitere symbolhafte Schritte des Gedenkortes auf dem Weg ins kollektive Gedächtnis.

Abb. 46: Das 1881 von Alejo Vera (1834–1923) gefertigte Historiengemälde *Numancia* zeigt den Moment der römischen Einnahme der Stadt.

Größerer Einfluss kam dabei noch der Historienmalerei zu: Insbesondere das 1881 von Alejo Vera y Estaca für den Prado gefertigte überlebensgroße Gemälde *Numancia* nimmt mit viel Pathos Bezug auf den tragischen Höhepunkt der Belagerung und kann seither geradezu als ikonische Visualisierung des Themas gelten (Abb. 46).

Verglichen damit sah man in Numancia selbst zunächst eine nur bescheiden zu nennende archäologische Tätigkeit: Zwar hatte bereits 1853 und dann für einige Jahre in den 1860ern Eduardo Saavedra hier punktuell gegraben, doch als maßgeblich gelten erst die systematischen Erkundungen durch Adolf Schulten ab 1905. Jener deutsche Altertumswissenschaftler, der heute auf der Iberischen Halbinsel als früher Pionier der Feldforschung verehrt wird, schien allerdings kein rechtes Augenmaß für die Befindlichkeiten seiner spanischen Kollegen vor Ort gehabt zu haben und musste in den Folgejahren daher zunächst mit der Untersuchung der umliegenden römischen Feldlager Vorlieb nehmen.

Museen/ archäologische Stätten

Yacimiento Arqueológico de Numancia

Zona a 1 Km. de Garray

42162 Garray, Soria

T. +34 650709671

http://www.numancia-soria.es/

Museo Numantino de Soria

Paseo del Espolón, 8

42001 Soria

T. +34 975221397 / 975229872

http://www.museos-castillayleon.jcyl.es/museonumantino

Die Spuren gleich mehrerer römischer Armeen

Schulten und seine Mitarbeiter machten aus der Not eine Tugend, hatten sie mit den Kastellen der von Appian detailliert beschriebenen Circumvallation – dem Einschluss *Numantias* mit Belagerungswerken in den Jahren 134 bis 133 – doch ein weites Feld zur Verfügung. Allein neun ursprünglich durch einen Ringwall miteinander verbundene Lager (sowie zwei kleine separierte Ufer- oder Brückenkopfbefestigungen) waren auf den Hängen zu beiden Seiten des Flusses Duero, der Numancia unmittelbar westlich passiert, nachweisbar. Hinzu kam noch etwa 8 km östlich auf dem Höhenrücken El Talayón, unweit der Ortschaft Renieblas, eine stratigraphische Abfolge von fünf weiteren römischen Heerlagern. Als vom frühen 2. bis zum frühen 1. Jh. v. Chr. datierbare und dadurch erste manifestierte Nachweise spätrepublikanischer Militärarchitektur standen diese Befunde immer wieder im Fokus der Forschung – seit einigen Jahren laufen hier erneut Prospektionen und Grabungen unter deutscher Beteiligung.

Der geschlossene Eindruck des scipionischen Belagerungsringes als Teil eines Landschaftsdenkmals wurde hingegen in letzter Zeit gefährdet. So konnte der ab 2006 nur 2 km südlich des Siedlungshügels geplante Industriekomplex „Soria II“ zwar verhindert werden, das römische Fort Alto Real auf dem Westufer des Duero musste allerdings trotz landesweiter Proteste weitgehend einem Neubaugebiet weichen – die Durchsetzung des Projekts fiel zeitlich vor die 1999 erfolgte Deklarierung zur Archäologischen Zone und war daher nicht mehr anfechtbar.

Geschichte einer urbs clarissima

In der frühen Kaiserzeit zählte der selbst aus Hispanien stammende Pomponius Mela *Numantia* zu den einst „berühmtesten Städten“ der Provinz *Tarraconensis*. Bereits das Oppidum des späten 3. Jhs. v. Chr., das als Zentralort der keltiberischen *Arevaci* zum Gegenspieler der vordringenden Römer werden sollte, scheint eine vergleichsweise große Bevölkerung beherbergt zu haben: Immerhin konnte es zu Beginn des Zweiten Keltiberischen Krieges an die 8.000, zum Zeitpunkt der scipionischen Belagerung immerhin noch 4.000 Krieger ins Feld führen.

In den im Westen und Süden ergrabenen Arealen des – der Form nach an ein Buchenblatt erinnernden – Siedlungshügels kamen zahlreiche Grundrisse dreiräumiger keltiberischer Häuser ans Licht, die in einer zweiten Bauphase vergrößert und dabei in ihrer Ausrichtung verändert worden waren (Abb. 47).

Offenbar fand hier der Konflikt der Arevaker mit den benachbarten Pelendonen, die nach 133 v. Chr. mit dem Segen Roms die Gebiete rund um *Numantia* unter ihre Kontrolle bringen konnten, seinen baulichen Niederschlag.

Nach einem größeren Einschnitt in der Besiedlung durch die Sertoriuskriege in den 70er Jahren v. Chr. erfolgte die Wiederbelebung *Numantias* in frühaugusteischer Zeit. Ausdruck seiner danach in flavischer Zeit gewachsenen Bedeutung ist nicht nur die Erweiterung der Siedlungsfläche des nunmehrigen Munizipiums auf 22 ha, sondern auch die bauliche Ausstattung der – teilweise auf Kosten älterer Stadtmauerpartien – deutlich vergrößerten Häuser im südlichen Stadtviertel unter anderem mit Säulenhöfen. Verbreiterte Straßen mit Abwasserkanälen sowie ein schlichter Ehrenbogen unterhalb des nordöstlichen Stadttores komplettieren das Bild. Eher lautlos verabschiedet sich *Numantia*, das den Römern einst gut zehn Jahre lang erfolgreich die Stirn bot, dann allerdings aus der Antike – wohl als Folge der Einfälle der Franken und Alamannen wird die Stadt in der 2. Hälfte des 4. Jhs. sukzessive aufgegeben.

Abb. 47: Über den iberischen Häusern des ausgegrabenen Oppidums ragen der 1905 in Anwesenheit König Alfons XIII. aufgestellte Obelisk und der Sockel eines unfertig gebliebenen Denkmals von 1842 auf.

Wo heute zahlreiche Singvogelarten die einzige Geräuschkulisse bilden, stürzten vor 2.000 Jahren Berge in sich zusammen – die Folgen der Goldförderung in den Minen von Las Médulas für deren Umgebung sind kaum geringer einzuschätzen als ihre Bedeutung für die römische Geldwirtschaft.

24 LAS MÉDULAS – „DIE WERKE VON GIGANTEN ÜBERTREFFEND"

Kastilien-León

Wer sich den Süden der Comarca El Bierzo im Tal des Río Cabrera erwandert oder aber die den Fluss begleitende Landstraße östlich der Ortschaft Puente de Domingo Flórez entlangfährt, wird beim Blick auf die angrenzenden Montes Aquilanos immer wieder ein besonderes Phänomen entdecken: Wie sichtbar gemachte Höhenlinien ziehen sich mitunter bis zu einem halben Dutzend steinerne Bänder parallel über die Hänge, überbrücken dabei stellenweise Schluchten oder durchqueren mittels Tunneln Felsvorsprünge. Seit etwa zehn Jahren sind mehrere Abschnitte dieser durchschnittlich etwa 1,30 m – teilweise aber auch fast 3 m – breiten Einkerbungen touristisch erschlossen und zeigen sich aus nächster Nähe als die Reste eines gewaltigen römischen Kanalsystems, das über einen Zeitraum von 200 Jahren sukzessive entstanden ist. Insgesamt führten ursprünglich neun Hauptleitungen, davon drei am Nordhang des Gebirgszuges, in zusammen knapp 600 km Länge Wasser vom Oberlauf des Cabrera und aus weiteren kleineren Flüssen gen Westen.

Dort jedoch wartete keine antike Großstadt auf die Versorgung durch jene Aquädukte, sondern die größte im Tagebau betriebene Goldmine des Imperium Romanum. Das Areal, das unter dem Namen des hier gelegenen Dorfes Las Médulas im Jahr 1997 zum UNESCO-Weltkulturerbe erklärt wurde, ist mit etwas über 2200 ha Fläche gewaltig, schließt dabei allerdings die mehrheitlich erst später entdeckten, darauf zulaufenden Kanäle gar nicht mit ein. Eindrücklich genug ist die Landschaft, die hier durch antiken Bergbau so nachhaltig verändert wurde, aber auch ohne das dafür unabdingbare fließende Wasser. Durch modernen Überwuchs weniger auffällig, aber Ergebnis der bereits frühkaiserzeitlich einsetzenden römischen Tätigkeit am (mutmaßlich hier gelegenen) *Mons Medullius* sind die großen Abraumhalden, die Teile der sich westwärts zum Río Sil öffnenden Balouta-Schlucht und gen Norden weitere Täler verfüllten. Kontrolliertes Öffnen mehrerer Wassertanks in den höheren Lagen, die von den Kanälen regelmäßig wieder aufgefüllt wurden, hatte zu künstlich herbeigeführten Erdrutschen geführt und

Tipp

Ein Tourismus-Portal der Region El Bierzo bietet zahlreiche informative Texte, aussagekräftige Fotos und erläuternde Grafiken und Karten rund um die römische Wasser- und Bergbau-Infrastruktur von Las Médulas:

http://canalesromanos.es/

gewaltige Mengen Sedimentgestein bergab geschwemmt. Ein zuvor sorgsam präpariertes System von hölzern ausgekleideten Gräben mit Kiesbetten und Strauchwerk als Filter sorgte dann für die Ableitung des Wassers – etwa in den erst dadurch geformten Lago de Carucedo – und ebenso für die Abscheidung des Golderzes.

Neben diesen Methoden waren in flavischer Zeit weitere hinzugekommen, wie uns der ältere Plinius – als Prokurator der *Tarraconensis* offenbar Augenzeuge vor Ort – in einem detaillierten Bericht (in seiner Naturgeschichte 33,70-78) mitteilt. Sichtlich beeindruckt schildert er die gefährliche Arbeit der Bergwerkssklaven, die ohne Tageslicht wochenlang Gänge in die nun deutlich höher liegenden Hänge treiben. Die nur provisorisch gesicherten Stollen dienten jedoch nicht dem Abbau, sondern der Vorbereitung der *ruina montium*, eines Verfahrens, das laut Plinius selbst die Arbeiten der mythischen Giganten in den Schatten stellte. Hierzu waren neue Wasserleitungen in mehr als 800 m Höhe, gut 250 m über der ältesten gelegen, herangeführt worden, die nun noch größere (bis zu 24.000 m^2 fassende) Bassins befüllten. Die schlagartig in den unterhöhlten Berg geführten Sturzfluten wirkten sich in den hier zumeist aus feinen Tonmineralen bestehenden Schichten verheerend aus, so dass der gesamte Hang mit ohrenbetäubendem Lärm einstürzte und nur einige Steilfelsen und Klippen übrig blieben.

Abb. 48: Die vom römischen Goldbergbau geprägte Landschaft rund um Las Médulas.

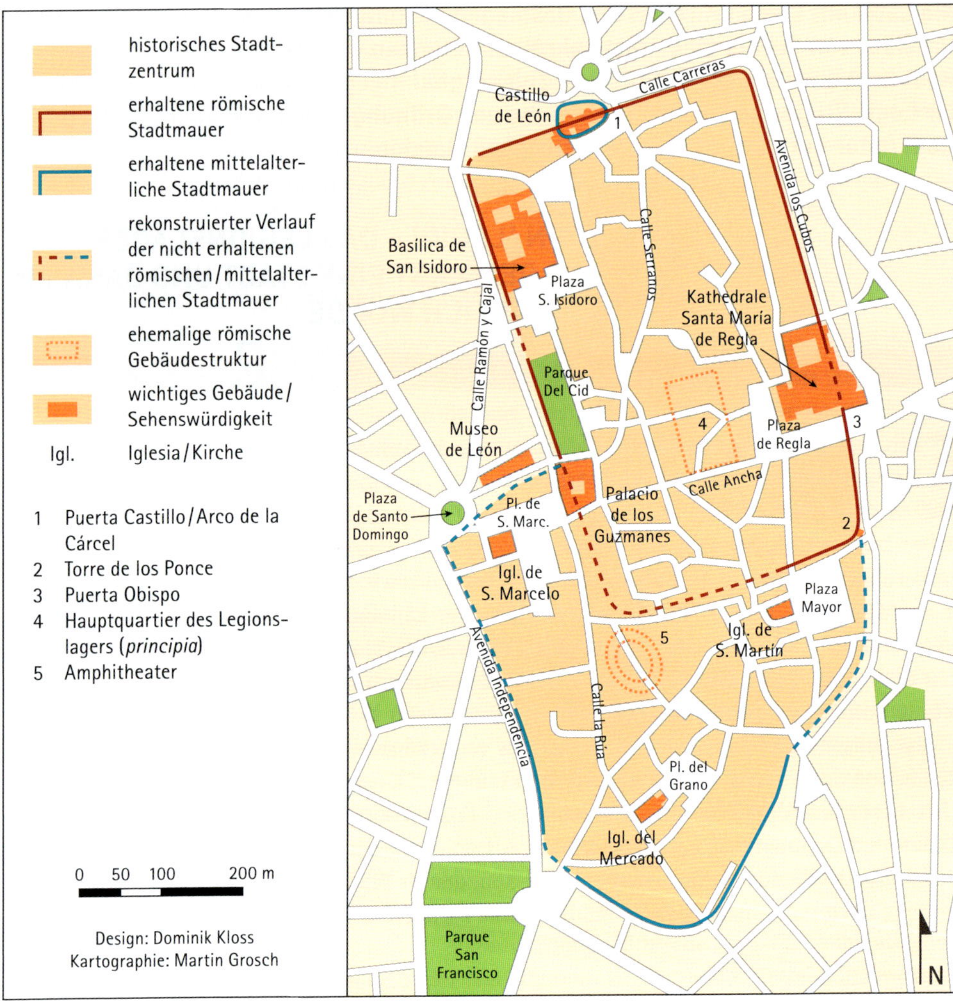

Abb. 49: Aus der zivilen Lagervorstadt des antiken Legionslagers (rot) wird im Mittelalter ein eigenständig ummauertes neues Stadtviertel (blau).

beiden Halbrundtürme des spätantiken Stadttores noch leicht zu erahnen. In diesem Bereich lag – etwa 15 m weiter südlich – bereits die *porta decumana* des augusteischen Lagers, aus dessen Nutzungszeit man hier Wallreste bis in 75 cm Höhe sowie den vorgelagerten, bis zu 6 m breiten Spitzgraben dokumentieren konnte. Wie dann in einer zweiten Bauphase der ältere, in Kastenbauweise errichtete Wall durch einen mit Rasensoden befestigten *agger* aus aufgeschütteter Erde überbaut und aufgehöht wurde, kann direkt nebenan (an der Ostseite der Plaza Puerta Castillo) im Centro de Interpretación del León Romano anhand von Schnittmodellen nachvollzogen werden.

Hält man sich im Anschluss daran ein kleines Stück ostwärts auf der Calle Carreras, biegt dann nach Süden in die Avenida los Cubos und

Abb. 50: Der südöstliche Eckturm des hochkaiserzeitlichen Legionslagers wurde im 12. Jh. durch den Torre de los Ponce überbaut.

folgt dieser bis zur Plaza de Puerta Obispo, bewegt man sich an einer gut erhaltenen Partie der Stadtmauer entlang, die im Wesentlichen den Zustand einer Bauphase des späten 3. oder frühen 4. Jhs. zeigt. Die Konstruktion dieser bis zu 7 m starken und bis in 10 m Höhe erhaltenen Steinwand profitierte – wie epigraphische Untersuchungen in der letzten Dekade zeigen konnten – von der Beraubung hochkaiserzeitlicher Grabdenkmäler aus den ansonsten nicht mehr verortbaren Nekropolen. Ebenfalls beim Bau der spätantiken Festung miteinbezogen wurde die ältere Steinummauerung des Legionslagers, die mitsamt ihres *opus caementicium*-Kerns bereits bis zu 2 m dick war. Auch weist die an der Nordostecke noch sichtbare Rundung der Kurtine – ein Charakteristikum hochkaiserzeitlicher Fortifikationstechnik – darauf hin, dass die

Abb. 51: Unter der Plaza de Regla, unmittelbar neben der Kathedrale, liegen die Reste des antiken Osttores von *Legio*.

spätantike Befestigung den Verlauf ihres Vorgängers aufnahm. So lässt sich das lang gestreckte Rechteck des Leonenser Legionslagers – ein Areal von 20 ha umfassend – heute insbesondere anhand der 36 noch erhaltenen, idealiter nur 15 m voneinander entfernt stehenden spätantiken Halbrundtürme recht gut nachzeichnen. Von den älteren Rechtecktürmen der flavischen Mauer haben sich allerdings nur vereinzelt Reste erhalten – etwa an der Treppenanlage, die von der Calle Ramón y Cajal auf die Plaza San Isidoro führt, oder aber als Unterbau des markanten mittelalterlichen Torre de los Ponce (Abb. 50, S. 93), wenige Meter nordöstlich der Plaza Mayor.

Dass die von 74 n. Chr. bis ins 5. Jh. hinein fast durchgängig in León stationierte Legio VII Gemina neben den genannten für weitere Ausbauten ihres Hauptquartiers eingesetzt worden sein dürfte, zeigt die Stratigraphie des heute Porta Obispo genannten Osttores, der ursprünglichen *porta principalis sinistra* (Abb. 51). Überregionale Vergleichsbeispiele legen jedenfalls nahe, dass die von Wachstuben und in *opus quadratum* ausgeführten Rechtecktürmen flankierte Doppeltoranlage in dieser Form erst um die Mitte des 2. Jhs. errichtet wurde.

Diesseits und jenseits der Mauern

Unmittelbar vor dem südlichen Querschiff der Kathedrale Santa María de Regla gewährt die Cripta arqueológica de Puerta Obispo einen unterirdischen Blick nicht nur auf den antiken Laufhorizont des östlichen Stadttores, sondern auch auf die Latrinen des sich im Stadtinneren anschließenden Thermenkomplexes. Vom ausgehenden 1. Jh. n. Chr. bis ins 4. Jh. genutzt, dürfte dieser im Zusammenhang mit der westlich benachbarten *Principia*, der großflächigen Kommandantur des Lagers, gestanden haben. Folgt man der jetzigen Calle Ancha in Richtung Plaza de San Marcelo – der Straßenverlauf entspricht der antiken *via principalis* – hätte man das wichtigste Gebäude der Legionsfestung ursprünglich auf Höhe der jetzigen Hausnummern 4–10 angetroffen.
Vom Westende der Calle Ancha sind es dann nur wenige Meter zur Plaza Santo Domingo und damit zum Museo de León, das hier seit dem Jahr 2007 im Edificio Pallarés untergebracht ist. Südlich von hier, im Stadtviertel Barrio Húmedo, hatten sich die zivilen *canabae* des spätkaiserzeitlichen Standlagers befunden, aus denen im Mittelalter ein eigenständiger (und eigens ummauerter) neuer Siedlungsschwerpunkt werden sollte. Herzstück jener Lagervorstadt war ein 90 x 50 m großes Amphitheater aus flavischer Zeit, das erst vor wenigen Jahren als solches bei Grabungen in der Calle Cascalería identifiziert worden ist.

Museen/ archäologische Stätten

Centro de Interpretación del León Romano

Casona de Puerta Castillo,

Plaza Puerta Castillo, s/n

24003 León

T. +34 987878238

https://www.turismocastillayleon.com/es/arte-cultura-patrimonio/museos/centro-interpretacion-leon-romano

Cripta Arqueológica de Puerta Obispo

Plaza de Regla, s/n

24003 León

T. +34 987237082

https://www.turismocastillayleon.com/es/arte-cultura-patrimonio/yacimientos-arqueologicos/cripta-puerta-obispo

Museo de León

Plaza de Santo Domingo, 8

24002 León

T. +34 987236405

http://www.museodeleon.com/cgi-bin/zdoc30/portada.pl

Im Süden der Provinz Burgos, auf etwas über 1.000 m Höhe und wenige Kilometer südlich von Huerta de Rey, erschloss die Archäologie mit *Clunia* einen Ort, der sich kurzzeitig im Mittelpunkt römischer Machtpolitik befand.

26 PEÑALBA DE CASTRO (CLUNIA) – HAUPTSTADT FÜR EINEN SOMMER

Kastilien-León

In den Wirren des Frühjahres 68 n. Chr. traf Lucius Sulpicius Galba die weise Entscheidung, erst einmal abzuwarten. Den militärischen Aufstand gegen Kaiser Nero überließ der erfahrene Senator – zu diesem Zeitpunkt seit acht Jahren Statthalter der *Tarraconensis* und immerhin auch schon über 70-jährig – seinem Amtskollegen Vindex in Gallien. Er selbst ließ sich nur bescheiden als *legatus Senatus Populique Romani* anreden, blieb jedoch keineswegs untätig und knüpfte bereits Beziehungen zu den Entscheidungsträgern in den Nachbarprovinzen, insofern seine eigene Usurpation doch noch zur erfolgversprechenden Option werden sollte. Für den Fall, dass die Rebellion gegen den rechtmäßigen Herrscher (der v. a. noch von den germanischen Legionen Unterstützung erwarten durfte) scheitern und Galba durch Neros Getreue selbst in Bedrängnis geraten sollte, sorgte er dann im Frühsommer 68 vor: In *Clunia*, etwa mittig zwischen dem Ebrotal und dem Nordwesten der Provinz gelegen, fand er einen idealen Platz für alle Eventualitäten.
Dem römischen Nachfolgeplatz von *CLOUNIOQ*, einem Oppidum der keltiberischen *Arevaci*, das bereits eine eigene Münzprägung besaß und in den Sertoriuskriegen umkämpft war, hatte Tiberius den Munizipialstatus verliehen. Gelegen auf einem leicht zu verteidigenden Hochplateau und durch unterirdische, durch Brunnen angezapfte Quellen mit Trinkwasser versorgt, hätte Galba sich hier mit der ihm treu ergebenen Legio VI Victrix gut verschanzen können. Dass der Usurpator auf Abruf aber bereits Mitte Juni 68 eine zweite, aus hispanischen Provinzialen neu ausgehobene Legion auf sich vereidigen konnte, lag an weiteren Vorteilen seines Refugiums. Denn wie wir vom älteren Plinius wissen, kamen hier, im Zentralort des *conventus Cluniensis*, regelmäßig die Abgesandten von 67 Stämmen zusammen, um juristische und kultische Fragen zu erörtern, die das römische Keltiberien betrafen. *Clunia* erwies sich somit für Galba als idealer Ort, nicht nur um binnen kürzester Zeit die frisch rekrutierte Legio VII Galbiana aus dem Umland zusammenzuziehen, sondern auch, um mittels eines hiesigen Jupiter-Orakels seine immer deutlicher werdenden Herrschaftsambitionen öffentlichkeitswirksam zu untermalen.

Etwa zeitgleich hatte ihn die Nachricht von Neros Tod erreicht und bereits wenige Tage später verließ er – inzwischen vom Senat in Rom legitimiert – mitsamt seiner Truppen *Clunia*, das ihm für ein knappes Vierteljahr als eine Art vorläufige Hauptstadt gedient hatte, in Richtung Italien. In Rom sollte er allerdings weniger glücklich agieren und beendete schon am 15. Januar 69 n. Chr. sein kurzlebiges Kaisertum unter den Schwerthieben meuternder Prätorianer. Zuvor hatte er sich aber offenbar noch an den günstigen Ausgangspunkt seiner Herrschaft erinnert, denn die stadtrömische Münzanstalt prägte Sesterzen mit der Legende *HISPANIA CLUNIA SUL(PICIA)* und kommemorierte damit wahrscheinlich schon zu diesem Zeitpunkt die Anlage einer Veteranenkolonie in *Clunia* mit Galbas Familiennamen als Epitheton.

Eine besondere Spielstätte als Eingang zum antiken Stadtzentrum

Mit dem Theater von *Clunia* hat sich vielleicht jener Bau erhalten, den Galba im Juni 68 für eine wirksame Inszenierung seine Kaiserproklamation genutzt haben mag. Wohl bereits unter Tiberius angelegt, bot die passend in einen fast rechtwinkligen Geländeeinschnitt auf der Nordostseite des Siedlungsplateaus angelegte *cavea* mutmaßlich bis zu 9.000 Zuschauern Platz. Durch die Einarbeitung der Sitzstufen in den anstehenden Fels ist das – derart eher an griechische Anlagen erinnernde – Theater besonders in den oberen Rängen gut erhalten geblieben, während die unteren Reihen Opfer des Steinraubs wurden und erst vor wenigen Jahren rekonstruiert worden sind. Der an mehreren Stellen noch anstehende *opus caementicium*-Kern des Bühnengebäudes lässt dessen einstige Dimensionen erahnen und die auf mehr als 50 m Länge und dreigeschossig bis auf 25 m Höhe zu rekonstruierende Schaufassade dürfte mit ihren korinthischen Säulen eine imposante Wirkung gehabt haben (Abb. 52, S. 98).

Auch wenn das Theater – im Anschluss an das kleine Interpretationszentrum wenige hundert Meter unterhalb – vom Dorf Peñalba de Castro ausgehend eine eindrückliche erste Station im Archäologischen Park von *Clunia* darstellt, lohnt der Gang ein Stückchen weiter nach Südwesten. Denn hier passiert man zunächst zur Rechten zwei große Thermenkomplexe, von denen der vollständig ergrabene Befund „Los Arcos I“ eine gute Übersicht über die symmetrisch angeordneten und sich auf 5.225 m² erstreckenden Badeanlagen ermöglicht, die bis ins 5. Jh. genutzt wurden. Und kurz darauf erreicht man das antike Stadtzentrum inmitten des ursprünglich über 100 ha großen Siedlungsareals – mit dem Forum an der höchsten Stelle des Plateaus und unmit-

Museen/ archäologische Stätten

Yacimiento Arqueológico de Clunia – Teatro Romano de Clunia Sulpicia

09454 Peñalba de Castro, Huerta de Rey

T. +34 947391250

http://www.clunia.es/

Abb. 52: Das in die Hänge des Alto de Castro eingearbeitete frühkaiserzeitliche Theater von *Clunia* bietet heute einen weiten Blick über die umliegende Hochebene.

telbar benachbart mehreren *domus* aus dem 2. und 3. Jh., die durch ihre reiche Ausstattung mit (insbesondere geometrischen) Mosaiken auffallen. Hier wird schon im Ansatz deutlich, dass *Clunia* seine Stellung als wohlhabendes Verwaltungszentrum auch ohne die anhaltende Gunst des kurzlebigen Kaisers Galba (und offenbar auch ohne später Bischofssitz geworden zu sein) bis weit in die Spätantike aufrechterhalten konnte.

Es gibt mindestens zwei Gründe, von Madrid aus einen Ausflug nach Segovia zu machen: Dort, ungefähr 100 km nordwestlich von Madrid auf der Altkastilischen Hochebene am Fuße der Sierra de Guadarrama, isst man erstens das beste Spanferkel von ganz Spanien und zweitens befindet sich in Segovia eines der beeindruckendsten Werke römischer Baukunst auf der Iberischen Halbinsel – ein Aquädukt, der aus etwa 15 km Entfernung das Wasser des Fuenfría in die Stadt bringt, wo er rund 813 m überbrückt (Postigo – Plaza Día Sanz – Plaza del Azoguejo).

27 SEGOVIA (SEGOVIA) – EINE STADT, EIN AQUÄDUKT

Kastilien-León

Eine Inschrift ohne Buchstaben…

Den Aquädukt hat man eine „kühne Konstruktion" genannt, wohl weil er aus etwa 24.000 aufeinander gelegten Granitblöcken ohne Mörtel und ohne Verklammerung errichtet worden ist, insgesamt 167 Bögen aufweist und an der Stelle, wo er ein Tal überquert – südöstlich des Altstadthügels von Segovia – eine Höhe von rund 30 m erreicht (Abb. 53, S. 100). Dort, wo bis Anfang der 1990er Jahre vor der Ostseite des Aquäduktes mehrere Fernstraßen zusammenliefen und durch die Wasserleitungsbögen hindurch zur Hauptstraße führten, hatte sich eine Inschrift befunden. Sie war zwischen der unteren und oberen Bogenreihe auf einem Sockel aufgebracht, der – aus zahlreichen Quadern zu drei Reihen zusammengesetzt – eine Länge von 17,5 m und eine Höhe von 1,35 m erreichte, und zwar sowohl auf der Ost- als auch auf der Westseite des Monumentes. Die Buchstaben hatte man nicht in die Steinfläche eingeschnitten, sondern mit Dübeln auf dem Stein befestigt; sie waren aus Bronze hergestellt und vergoldet. Erhalten hatten sich durch die Jahrhunderte hindurch also lediglich die Schlitze, in die die auf der Rückseite der Buchstaben angebrachten Dübel eingelassen worden waren.

…ein Epigraphiker im Kran…

Am 11. und 12. Juli 1992 bot sich der spanischen Kleinstadt ein denkwürdiges Schauspiel: Géza Alföldy, Althistoriker und Epigraphiker an der Universität Heidelberg und der seinerzeit beste Kenner des inschriftlichen Befundes der Iberischen Halbinsel, führte aus dem lenkbaren Korb eines Krans heraus eine vollständige fotografische und zeichnerische Aufnahme der Inschriftenreste durch, die Dübellöcher

Museen/ archäologische Stätten

Centro de interpretación del Acueducto

Real Casa de Moneda de Segovia

Calle de la Moneda, s/n

40003 Segovia

T. +34 921475109

http://acueducto.turismodesegovia.com/

Museo de Segovia

Casa del Sol

Calle Socorro, 11

40003 Segovia (Segovia)

T. +34 921460613 / 15

http://www.museoscastillayleon.jcyl.es/web/jcyl/MuseoSegovia/es/Plantilla66y33/1258120721794/_/_/_

Abb. 53: Luftbildaufnahme des Aquäduktes von Segovia, der aus 24.000 Granitblöcken und 44 Doppel- sowie 79 Einzelbögen besteht. Jeder der insgesamt 167 Bögen ist mindestens 9 m hoch.

wurden exakt vermessen und auf einer entsprechenden Vorlage im Maßstab 1:10 eingezeichnet. Möglich war diese spektakuläre Aktion nur aufgrund des Entgegenkommens der Junta von Castilla-León, die die Arbeitsgenehmigung erteilt hatte; der Behörden von Segovia, die bereit gewesen waren, den Autoverkehr unter dem Aquädukt für die Dauer der Arbeiten zu sperren; und der Abteilung Madrid des Deutschen Archäologischen Instituts, die sie finanzierte.

Auf der Grundlage der Verteilung der Schlitze, ihrer Form und Richtung, die grosso modo den Buchstaben entsprach, die bis zu 35 cm hoch gewesen waren, und mit Blick auf das bekannte Formular von Inschriften dieses Typus gelang es Géza Alföldy, folgenden Text zu rekonstruieren: *Imp(eratoris) Nervae Traiani Caes(aris) Aug(usti) Germ(anici), p(ontificis) m(aximi), tr(ibunicia) p(otestate) II, co(n)s(ulis) II, patris patriae iussu / P(ublius) Mummius Mummianus et P(ublius) Fabius Taurus IIviri munic(ipii) Fl(avii) Segoviensium aquam restituerunt*. Offenbar hatte Trajan die Anordnung (*iussu*) gegeben, die Wasserleitung zu reparieren (*aquam restituerunt*); ausgeführt hatten die Renovierungsmaßnahme die beiden Obermagistrate der Stadtgemeinde. Diese Vorgehensweise war alles andere als außergewöhnlich: Das flavische

Munizipium *Segovia* dürfte kaum über die notwendigen Mittel verfügt haben, einen Aquädukt zu errichten; auch Stiftungen von wohlhabenden Mitgliedern der städtischen Elite waren in dieser Größenordnung kaum zu erwarten. Insofern fiel die Finanzierung in den Kompetenzbereich des Kaisers. Trajans Titulatur, d. h. ein Abgleich der Amtsgewalten und Beinamen, die er innehatte bzw. trug, zeigt deutlich, dass die Inschrift Ende des Jahres 98 gesetzt worden sein dürfte.

Abb. 54: Aquädukt mit Inschriftsockel und Marienstatue; in dieser Nische befand sich wohl ursprünglich eine Statue von Kaiser Trajan.

...und Reparaturen ohne jeden Befund?

Erstaunlich ist jedoch, dass jede Spur einer ursprünglichen, ersten Bauinschrift fehlt: Wer hatte den Aquädukt errichten lassen? Und was hatte man wiederhergestellt? Beinahe noch erstaunlicher ist es, dass sich eine Erneuerung der Wasserleitung archäologisch nicht nachweisen lässt. Vielleicht ist der heute erhaltene Teil also der ursprüngliche und man hatte auf eine Bauinschrift verzichtet oder aber man hat denselben durch eine gänzlich neue Konstruktion ersetzt? Géza Alföldy fügte die einzelnen Indizien zu einem Gesamtbild zusammen: Der Aquädukt sei unter Domitian erbaut und bis zum Jahre 96 fertiggestellt worden, aber zum Zeitpunkt seines unerwarteten Todes habe die Anbringung der Bauinschrift noch ausgestanden. Während das Monument unter der anderthalbjährigen Herrschaft Nervas unbeschriftet geblieben sei, habe sein Nachfolger Trajan sofort nach seinem Regierungsantritt 98 die Beschriftung des Aquäduktes angeordnet, wohl in Verbindung mit begrenzten Renovierungsarbeiten. Jedenfalls ist die Praxis, vergoldete Buchstaben auf monumentalen Bauten aufzubringen, seit dem Beginn des „Goldenen Zeitalters" unter Augustus gängig. Sie machten durch ihren präzisen Inhalt, die einzigartigen Dimensionen und ihren einstigen goldenen Glanz klar, dass es nicht nur darum ging, das Datum einer Baumaßnahme zu verewigen. Vielmehr galt es, den Kaiser zu verherrlichen, dessen Statue sich in der Nische oberhalb der Inschrift – wo seit der Frühen Neuzeit Heiligenfiguren ihren Platz haben (Abb. 54) – befunden haben mag, aber auch die Magistrate Roms und die blühenden Städte selbst. Oder, wie es Géza Alföldy in seiner unvergleichlichen Art formuliert hat: „Wer die goldenen Buchstaben der 17 m langen Inschrift auf dem an dieser Stelle 30 m hohen Aquädukt, dessen Bögen hier im Altertum möglicherweise ähnlich wie heute eine Art von Stadttor Segovias bildeten, in der spanischen Sonne glühen sah und den schlichten, jedoch höchst aussagekräftigen Text las, konnte vor der Größe Roms nur in Ehrfurcht erstarren."

Das Leben in Galiciens Hauptstadt wurde stets vom Atlantik geprägt, und die erhoffte Kontrolle über diesen wichtigen Hafenort setzte Zäsuren der Stadtgeschichte – sei es 1589 gegen Francis Drake, sei es im Januar 1809 in der Schlacht bei La Coruña zwischen Franzosen und Engländern. Zeuge dieser und weiterer Ereignisse war ein Turm, den bereits römische Architekten errichteten.

28 LA CORUÑA (BRIGANTIUM) – IM SCHATTEN EINES FAST 2.000-JÄHRIGEN LEUCHTFEUERS

Galicien

Auf der Suche nach La Coruñas städtischen Vorläufern

Anders als sein Namensvetter in Raetien, in dem das heutige vorarlbergische Bregenz seine Keimzelle hat, blieb *Brigantium*, der nordwestlichste urbane Außenposten Roms auf der Iberischen Halbinsel, ein archäologisch bislang wenig fruchtbares Feld. Der inschriftliche Befund aus dem früheren La Coruña und seiner Umgebung ist überschaubar und entbehrt bislang detaillierter Bezüge zur antiken Urbanistik, während die literarischen Hinweise offen für Deutungen bleiben. Glaubt man etwa dem hochkaiserzeitlichen Historiographen Florus, marschierten römische Soldaten unter Decimus Iunius Brutus Callaicus jenseits des Duero „siegreich entlang der Küsten des Ozeans". Ob der erfolgreich gegen die *Gallaeci* kämpfende Feldherr dann auch noch bis zum *Mare Cantabricum*, der heutigen Biskaya, vordrang oder – wie neuzeitliche Chroniken suggerieren – hier einen als *Ardobicum Corunium* bezeichneten Hafenort gründete, muss zweifelhaft bleiben. Das gilt kaum weniger für den *Portus Magnus Artabrorum*, Zielpunkt einer römischen Flottenexpedition des Jahres 62/61 v. Chr., die dem ambitionierten Gaius Iulius Caesar – noch als Propraetor – zugeschrieben wird. Angesichts der zerklüfteten Küste der sog. Rías Altas mit ihren zahlreichen weit ins Landesinnere reichenden Buchten östlich von La Coruña vermag es kaum zu überraschen, dass die genaue Verortung dieses „Großen Hafens" bis heute umstritten geblieben ist. Das trotz zweier guter Naturhäfen und einer spätkaiserzeitlichen Nekropole weitgehend fehlende antike Stadtbild von La Coruña hat jedenfalls dafür gesorgt, dass das verkehrsgünstig 25 km weiter östlich gelegene Betanzos – hier trafen zwei Überlandstraßen auf die Mündung des Río Mandeo – ebenfalls mit einiger Berechtigung als alternativer Nachfolger von *Flavium Brigantium* angesprochen werden konnte.

So fällt das Museo Arqueolóxico e Histórico von La Coruña denn auch fast weniger durch seine Sammlungen als durch seinen ungewöhnlichen Standort auf: seit 1968 befindet es sich inmitten des Castillo de

San Antón, gelegen auf einer kleinen Insel im östlichen Hafen, die erst kurz zuvor durch einen Damm mit dem Festland verbunden worden war. Folgt man indes von hier der Uferstraße gut 3 km nach Norden, erreicht man ein nicht minder bemerkenswertes Bauwerk.

Torre de Hércules – der älteste Leuchtturm der Welt

Schon bevor man sich dem auf einem fast 60 m hohen Hügel weithin sichtbaren Seezeichen von der Landseite aus nähert, begegnet man der mittelalterlichen Legendenbildung zum Torre de Hércules (Abb. 55).

Dessen Fundament soll – wie es Provinz- und Stadtwappen von A Coruña auf ähnliche Weise visualisieren – den Schädel des vom mythischen Heroen erschlagenen Riesen Gerion in sich bergen. Ansonsten evozieren die zahlreichen Kunstwerke und Monumente, die in dem

Abb. 55: Auf der Halbinsel Punta Eiras weithin sichtbar: der Torre de Hércules.

Museen/ archäologische Stätten

Museo Arqueolóxico e Histórico

Castelo de San Antón, Paseo del Parrote, s/n

Paseo Alcalde Francisco Vázquez, 2 bajo

15001 A Coruña

T. +34 981189850

http://www.coruna.es/servlet/Satellite?cid=1322783576553&itemID=1149055937727&itemType=Entidad&pagename=cultura%2FPage%2FGenerico-Page-Generica

Torre de Hércules

Centro de interpretación y atención de visitantes (CIAV)

Avenida Dr. José L. Vázquez Iglesias, s/n

15002 A Coruña

T. +34 981223730

http://ciav.torredeherculesacoruna.com/de/

47 ha großen Park rund um den Leuchtturm auf der Halbinsel Punta Eiras verteilt stehen, eher die (über)regionale keltische Frühgeschichte respektive Folklore. Folgerichtig muss man, ehe man die 300 m lange Rampe zur Turmplattform hinaufsteigt, die überlebensgroße Skulptur des Königs Breogán passieren, der in Kombination mit dem gemauerten Wahrzeichen ein beliebtes Fotomotiv darstellt. Noch einmal 100 m südlich der Statue befindet sich der Eingang zum Areal, gesäumt von einem schmucklosen metallenen Pavillon, der das 2011 eröffnete Informations- und Besucherzentrum CIAV beherbergt. Die seit der zwei Jahre zuvor erfolgten Deklarierung des Turmes zur UNESCO-Welterbestätte zunehmenden Besucherströme können hier mehr über dessen abwechslungsreiche Bau- und Nutzungsgeschichte erfahren. Eine seit langem bekannte Votivinschrift, die einige Meter südlich des Turmes gefunden wurde und einen gewissen Gaius Sevius Lupus aus *Aeminium* (dem heutigen Coimbra) als Architekten benennt, wird häufig herangezogen, um die Konstruktion des Turmes ins frühe 2. Jh. n. Chr. anzusetzen. Allerdings haben in jüngerer Zeit Keramikfunde aus den – inzwischen zugänglich gemachten – Fundamentierungsschichten des Turmes diese Datierung um einige Jahrzehnte nach vorne korrigiert. Eine Errichtung in claudischer oder flavischer Zeit könnte im Kontext der römischen Eroberung Britanniens gestanden haben, und der Leuchtturm von *Brigantium* hätte dann in *Gesoriacum* (Boulogne-sur-Mer) und *Dubris* (Dover) zwei zeitgleich entstandene Verwandte. Im frühen 5. Jh. scheint der Turm, der dem christlichen Chronisten Orosius wegen seiner enormen Höhe auffiel, im übertragenen Sinne andere in den Quellen unerwähnt bleibende Monumente der benachbarten Stadt bereits in den Schatten gestellt zu haben.

Seither hat sich das Aussehen des Leuchtturms, der vom Frühmittelalter bis ins 17. Jh. vorrangig als Wehr- und Wachturm genutzt wurde, unter dem Eindruck von Steinraub und Restaurierungsbemühungen stark gewandelt. Nach wie vor für Stabilität sorgt das antike Innenleben des Leuchtturms, bestehend aus einem etwas über 34 m hohen, dreigeschossigen und kreuzförmig von Trennwänden durchzogenen gemauerten Kern, der von Tonnengewölben aus *opus caementicium* abgeschlossen wird. Statt der einst wohl von einer schlichten runden Kuppel geschützten großen Öllampe, deren Licht durch einen Parabolspiegel verstärkt wurde, sendet nun ein elektrisches Funkfeuer im Rhythmus von 20 Sekunden vier weiße Lichtstrahlen in den Nachthimmel des Artabrischen Golfes.

Mit Zirkusspielen, römischen Reenactments und keltischen Hochzeiten feiert Lugo im Rahmen des „Arde Lvcus"-Festivals jeden Sommer die im Jahr 2000 durch die UNESCO erfolgte Aufwertung seiner Stadtmauern touristisch im großen Stil. Doch an unserem abwechslungsreichen Bild der antiken Stadt haben kleiner dimensionierte epigraphische Zeugnisse aus besonderen Fundkontexten einen nicht zu unterschätzenden Anteil.

29 LUGO (LUCUS AUGUSTI) – IN MEHR ALS 80 TÜRMEN UM DIE STADT

Galicien

Es ist sicherlich kein Zufall, dass Lugos prominenteste antike Hinterlassenschaft bereits 1921 – und damit Jahre vor der Einrichtung des Provinzialmuseums – zum *Monumento Nacional* erklärt worden ist. Imposant umschließt der 6 bis 8 m breite, auf knapp 2,2 km Länge und in bis zu 12 m Höhe komplett begehbare spätantike Mauerring die weitgehend verkehrsberuhigte Altstadt (Abb. 56).

Abb. 56: 70 der ursprünglich wohl 85 Türme haben sich am spätantiken Mauerring erhalten.

Und seit dem Jahr 1973 gibt die kurz zuvor von allen späten Anbauten bereinigte Außenfront wieder den Blick auf die etwa 70 erhaltenen Türme (von ursprünglich wohl 85) frei, die die Konturen der nunmehrigen UNESCO-Welterbestätte bestimmen. Nur ein Turm an der Südostflanke der Befestigungen, der sog. Cubo da Mosqueira, weist noch Reste der einstmals mehrgeschossig über den Wehrgang hinausragenden Turmkammern auf, von denen aus der – ebenfalls nur noch stellenweise dokumentierte – vorgelagerte Wehrgraben überblickt werden konnte. Lediglich fünf der zehn heute sichtbaren Tordurchbrüche bestanden bereits im römischen Lugo, wobei das westliche Haupttor, die Porta Miñá, noch am ehesten einen bauzeitlichen Charakter bewahrt hat, der sich durch Münzfunde in das letzte Drittel des 3. Jhs. n. Chr. datieren lässt. Direkt hinter der Häuserzeile auf der Außenseite jenes Stadttores veranschaulicht die Dauerausstellung der Sala de Exposiciones „Porta Miñá“ die Ergebnisse der Stadtarchäologie von Lugo auf kleinem Raum – und stellt eine empfehlenswerte Ergänzung zum Besuch des 5 Minuten von hier entfernten Museo Provincial de Lugo dar. Ein eher modernes Ausstellungskonzept, das eine an die Stadtmauertürme erinnernde Stahlarchitektur mit künstlerischen Wechselausstellungen zur Stadtgeschichte kombiniert, lässt sich 1,5 km weiter nördlich im Parque da Milagrosa mit dem 2012 eröffneten Museo Interactivo de la Historia de Lugo finden.

Textzeugnisse und Kultstätten verschiedener Epochen

Wie auch bei anderen römischen Städten im Nordwesten Spaniens sind die Ursprünge Lugos in einem *castrum* aus der Zeit der Kantabrischen Kriege zu suchen. Auf das Heerlager, das um 25 v. Chr. während der Kampagne des C. Antistius Vetus gegen die Kantabrer in dieser Gegend errichtet worden sein dürfte, folgte etwas über zehn Jahre später die zivile Gründung durch den augusteischen Legaten Paullus Fabius Maximus. Vereinzelte Inschriftenfragmente, die auf die Präsenz der Legio VI hinweisen, rekurrieren ebenso auf diese Vorgänge wie mehrere beschriftete Grenzmale (*cippi*) aus Granit, die wohl das Pomerium der anschließend entstandenen Stadt markiert haben.
Die günstige Lage wenige 100 m vom Ostufer des Miño, dessen kleinere Zuläufe Rato und Chanca die Siedlung zusätzlich schützten, hatte möglicherweise schon der vorrömische galizische Stamm der *Capori* erkannt. Jedenfalls könnte eine vormalige lokale Verehrung der keltischen Gottheit Lugus oder Lugos in der gewählten Benennung der römischen Neugründung als *Lucus Augusti* fortgelebt haben. Auch die Bilderwelt einiger auffälliger Reliefplatten, zweiseitig mit (eventuell mythologischen) archaischen Reiter- oder Jagdszenen verziert und

Museen/ archäologische Stätten

Centro de Interpretación de la Muralla Romana
Praza do Campo Castelo, 11
27001 Lugo
T. +34 982251658
http://concellodelugo.gal/es/localizaciones/centro-de-interpretacion-de-la-muralla

Sala de Exposiciones „Porta Miñá“
Rúa do Carme
27004 Lugo
T. +34 982250962
https://www.turismo.gal/recurso?cod_rec=31735&ctre=75

Museo Provincial de Lugo
Praza da Soidade, s/n
27001 Lugo
T. +34 982242112
http://redemuseistica-lugo.org/presentacion.asp?mat=2

häufig als Spolien in der Stadtmauer verbaut, mag hier ihre Wurzeln haben. Zumindest ist das Fortleben indigener Gottheiten bis weit in das 2. Jh. hinein anhand mehrerer Altäre aus der Umgebung der Stadt epigraphisch bezeugt. Dass zeitgleich römische Votivpraxis als auch Lebensart in Lugo Einzug hielten, zeigt der Ende des 1. Jhs. angelegte Bäderkomplex direkt am Miño, der von den hier an die Erdoberfläche tretenden natürlichen warmen Quellen ebenso zu profitieren wusste wie aktuell das darüber errichtete Wellness-Hotel. Neben dem mitsamt seiner Wandnischen zur Kleiderverwahrung nahezu komplett erhaltenen *apodyterium* (Abb. 57) stach bei der archäologischen Untersuchung des Areals eine Gruppe Altäre in zweistelliger Zahl hervor. Deren Stifter, ausweislich ihrer überlieferten Namen wohl Angehörige der römischen Verwaltung, wollten hier offenbar den Nymphen für das heilsam nutzbar gemachte Naturphänomen ihren Dank abstatten.

In Sichtweite der Thermen überspannt eine achtbogige Steinbrücke den Miño auf 104 m Länge, die ihren jüngsten antiken (wohl trajanischen) Bauzustand trotz mehrerer mittelalterlicher und frühneuzeitlicher Veränderungen zumindest im Bereich der Pfeiler noch erahnen lässt.

Die Bautätigkeit von Militäreinheiten an dieser Konstruktion sowie an den beiden sich in *Lucus* treffenden Überlandstraßen dürfte ein weite-

Abb. 57: Das aus Schieferplatten erbaute *apoditeryum* der Thermen aus dem späten 1. Jh. n. Chr. ist mit seinen Wandnischen hervorragend erhalten.

rer Grund dafür gewesen sein, dass sich der einstige *conventus Lucensis* durch eine hohe Funddichte von mehreren Hundert Inschriften auszeichnet.

Wenngleich schon vor der Hohen Kaiserzeit keine Legion mehr dauerhaft in der Region stationiert war, gab es in Lugo immerhin noch eine Kohorte der Hilfstruppen. Zudem scheinen auch später noch wiederholt Angehörige der Legio VII vor Ort gewesen zu sein. Im frühen 3. Jh. stiftete C. Victorius Victorinus, ein Zenturio jener Einheit, unter Nennung des örtlichen Militärpostens und zweier Freigelassener dem *Invictus Mithra* einen Votivaltar.

Der erst 2003 entdeckte und inzwischen zur Besichtigung museal aufbereitete Fundzusammenhang, eine seit dem 2. Jh. belegte *domus* im Südwesten von Lugo (an der Praza Pío XII), wird demzufolge als Mithräum angesprochen. Bemerkenswerterweise scheint das Gebäude nach Ausweis von Münzfunden bis zur Mitte des 4. Jhs. weiter genutzt worden zu sein – obwohl es teilweise von den Stadtbefestigungen des späten 3. Jhs. überbaut wurde. Das gibt einen Hinweis auf die nachhaltige Bedeutung, die *Lucus* als einer von drei *conventus*-Hauptorten in der diokletianischen Teilprovinz *Gallaecia* besaß und als Bischofssitz innerhalb des Königreichs der Sueben auch noch im 6. Jh. behalten sollte.

Frühchristliche Hinterlassenschaften beschränken sich im unmittelbaren Umfeld von Lugo allerdings im Wesentlichen auf die Nekropolen im *suburbium*. Das kleine Centro Arqueológico San Roque, 200 m südöstlich der heutigen Porta San Pedro, informiert anschaulich über die Geschichte des vom 1. bis zum ausgehenden 5. Jh. belegten Gräberfelds an der antiken Straße in Richtung *Asturica Augusta*.

Die archäologische Stätte 1,5 km östlich des Dorfes Casas de Reina, im äußersten Süden der Meseta, ist v. a. für ihr gut erhaltenes Theater bekannt, bekam aber vor wenigen Jahren ein weiteres Wahrzeichen.

30 CASAS DE REINA (REGINA TURDULORUM) – PUZZELN MIT MARMORBLÖCKEN

Extremadura

Eigentlich lag die *Baeturia Turdula* auf der falschen – der nördlichen – Seite des Gebirgszuges, der heute als Sierra Morena bekannt ist. Die vormals von den keltischen *Turduli* besiedelte Landschaft, die im frühen 1. Jh. v. Chr. dauerhaft an Rom fiel, wurde zwar dem *conventus Cordubensis* zugeschlagen und somit von der Provinzhauptstadt der *Baetica* aus verwaltet, bildete geographisch aber eher eine auf die *Lusitania* ausgerichtete Grenzregion. Und so war es wohl die Straßenverbindung zwischen *Augusta Emerita* im Norden und den Handelsstädten am Unterlauf des *Baetis*, die in der Frühen Kaiserzeit für die Gründung

Abb. 58: Von den drei Podiumstempeln des Kapitoliums an der Ostseite des Forums von *Regina* ließ spätantiker Steinraub nur die Fundamente übrig.

Die Stadt war von Beginn an auf Zuwachs geplant, d. h. das rechtwinklig angelegte Straßensystem sah von vorneherein Leerräume vor, die erst im Laufe der Jahrzehnte gefüllt wurden. Der nachweislich erste „Programmpunkt" war der Bau einer Brücke, die schließlich in einer Länge von beinahe 800 m den *Ana* überquerte (Abb. 60). Die in der Mitte des Flusses gelegene schiffsbugförmige Insel hatte sich ebenso wie die Ufer als Herausforderung entpuppt, denn sie hatten künstlich befestigt werden müssen. Derjenige, der sich, von Südwesten kommend, der Stadt über diese Brücke näherte und zunächst die augenfällige Uferbefestigung wahrgenommen haben wird, betrat sie durch eine mächtige Toranlage mit zwei Türmen und Durchgängen. Diese „Puerta del Puente" bildeten auch die ersten Münzen ab. Von hier ab führte der *decumanus*

Abb. 60: Die römische Brücke über den Guadiana, über die bis in die 1990er Jahre noch der gesamte Verkehr ging. Erst nach dem Bau einer weiteren Brücke wurde sie für Kraftfahrzeuge gesperrt.

Abb. 61: Der sog. Templo de Diana auf dem zentralen Forum.

maximus den Besucher zu einer zweiten Brücke im Nordosten der Stadt, die in einer Länge von rund 145 m den Albarregas überquerte. Im Südosten des Kreuzungsbereichs der Hauptachsen lag das zentrale Forum, das der im 17. Jh. fälschlicherweise so benannte „Templo de Diana" dominierte – ein hexastyler Peripteros aus Granitquadern, der tatsächlich aber dem Herrscherkult diente (Abb. 61). Östlich schloss sich ein „Forum Adiectum" oder „Marmorforum" aus der Zeit des Claudius an, dessen Bauplastik – wie *clipei* und Karyatiden – sowie dessen Skulpturenausstattung – Statuen aus der Galerie der *summi viri* und eine Replik der Darstellung von Aeneas mit Anchises und Ascanius auf der Flucht aus dem brennenden Troja – eine *imitatio* des Augustus-Forums in Rom nahelegen (Abb. 62–63).

Abb. 62: Das „Forum Adiectum"/„Marmorforum", dessen Bauornamentik und Skulpturenausstattung eine *imitatio* des stadtrömischen Augustus-Forums nahelegen.

Abb. 63: Karyatiden und *clipeus* vom „Forum Adiectum"/„Marmorforum", Museo Nacional de Arte Romano Mérida.

Folgte man nun dem *cardo* nach Norden, so stieß man wiederum auf eine Platzanlage, zu der der (ebenfalls irrtümlich sog.) Arco de Trajano Zugang gewährte, der – wie auch das Forum mit Portikus und Tempel – in die letzten Jahre der Herrschaft des Augustus bzw. unter Tiberius datiert. Dieser wohl monumentalste Tempel der Stadt („templo de la c/ Holguín“) war ebenfalls dem Kaiserkult gewidmet; seine bauliche Gestaltung scheint analog zum Concordia-Tempel in Rom erfolgt zu sein. Neben diesen drei Platzanlagen, die also sukzessive bis zur Mitte des 1. Jhs. fertig gestellt gewesen sein dürften, verfügte *Augusta Emerita* im Osten der Stadt noch über zwei weitere Bauten aus der „Gründerzeit“, die dann unter Claudius eine „Marmorisierung“ erfuhren: ein Theater, das etwa 6.000 Zuschauern Platz bot und – durch eine Gartenanlage mit diesem verbunden – ein Amphitheater, das ungefähr 15.000 Schaulustige fasste (Abb. 64). Inschriften bezeugen Agrippa als Stifter des Theaters und lassen auf Augustus als *benefactor* des Amphitheaters schließen. Das Theater war vielleicht schon in den Jahren 16/15, das Amphitheater dürfte 8/7 v. Chr. mehr oder weniger fertig gestellt gewesen sein. Außerdem entstand nordöstlich der Stadtmauer ein Circus, und zwar in rund 400 m Entfernung und damit in unmittelbarer Nähe der Straße, die *Emerita* mit *Corduba* verband, also der Ost-West-Achse. Die Stadtmauern fassten schließlich eine Fläche von ungefähr 85 ha in Form eines natürlichen Dreieckes ein, das der *Ana* und sein Nebenfluss Albarregas bildeten. Für die Ausstattung mit den wichtigsten Elementen der Infrastruktur sowie Straßen oder Wasserleitungen zeichnete Augustus verantwortlich; von den drei Aquädukten (Acueducto de Cornalvo, Rabo de Buey-San Lázaro und Los Milagros) trägt eines nachweislich seinen Namen: *aqua Augusta*. Zwar hatte die unmittelbare Umgebung weder landwirtschaftliche Erzeugnisse von hoher Rentabilität noch Erzvorkommen zu bieten, doch ging mit der verkehrsstrategisch günstigen Lage im Südwesten der Iberischen Halbinsel ein florierender überregionaler Handel einher, so dass die Ressourcen des Hinterlandes letztlich

Abb. 64: Das Theater und Amphitheater im Osten der Stadt.

hauptstädtisches Leben finanzierten. Jedenfalls muss *Augusta Emerita* bereits am Ende der Herrschaftszeit des Claudius – nach insgesamt rund sechs Jahrzehnten Bauzeit – mit seinen marmornen Tempeln, Portikus und Toranlagen, seinem Theater und Amphitheater einen überwältigenden Anblick geboten haben. Seine Silhouette sollte sich in den ersten vier nachchristlichen Jahrhunderten nur geringfügig ändern: Weder die „Invasionen" der *Mauri* noch die sog. Krise des 3. Jhs. hinterließen Spuren; offenbar waren lediglich Ausbesserungsarbeiten vonnöten (z. B. in den Spielstätten) oder hatten vereinzelt Bauten (wie ein Mars geweihtes Heiligtum) den Prospekt ergänzt.

Von Augusta Emerita zu Merida

Die Heilige Eulalia, Patronin und *sacra virgo*, seit sie zu Beginn des 4. Jhs. in ihrer Heimatstadt das Martyrium erlitten hatte, hatte *Augusta Emerita* noch gegen die Plünderungen des Westgoten Theoderich II. beistehen können; gegenüber Eurich erwies sie sich als machtlos. Die Folgen waren erheblich: Zerstörungen, Verwüstungen, Brandschäden trafen das Wohnviertel in unmittelbarer Nähe der Stadtmauern (Morería), die Stadtmauern selbst, die Brücke über den *Ana*, landwirtschaftliche Nutzbauten in Flussnähe und selbst die Nekropole an der *memoria* der Heiligen Eulalia. Für die Wiederherstellung sowohl der Brücke über den *Ana* als auch der Mauern zeichnen schließlich 483 gemeinsam – bewegt durch ihre *patrie amor* – der Bischof Zenon und der *dux* Salla, der hispanoromanische Metropolit und der gotische Magnat mithin, verantwortlich. Nördlich der Stadt, in der Nähe des sog. Camino de la Plata, hatte die Bautätigkeit der Bischöfe zu diesem Zeitpunkt bereits zur Errichtung einer Basilika für die Märtyrerin Eulalia geführt. Unmittelbar neben der Kirche nahmen die Emeritenser Bestattungen *ad sanctam* vor und errichteten ein Kloster. Ein *xenodochium* vervollständigte das Ensemble kirchlicher Bautätigkeiten in diesem Bereich, während sich intra muros im Süden der Bischofspalast an die Kirche Sancta Iherusalen (heutige Kathedrale Santa María) anschloss und zusammen mit einem Baptisterium einen monumentalen Komplex bildete. Dank einer anonymen hagiographischen Schrift aus den 30er Jahren des 7. Jhs., den *Vitas Sanctorum Patrum Emeretensium*, wissen wir von überregional anerkannten Metropoliten wie Masona (~573 bis ~606), aber auch um die Konkurrenz zu Toledo, die den Ausschlag zur Abfassung der *Vitas* gab und deutlich zeigt, dass die Bischöfe sich nicht nur als spirituelle Führer, sondern mittels ihrer *caritas* auch als weltliche Patrone ihrer Gemeindemitglieder verstanden. Anders als ihren Vorgängern im Amt gelang es ihnen jedoch nicht mehr, „das spanische Rom" zu bleiben – diesen Titel trug nun Toledo.

Museen/ archäologische Stätten

Museo Nacional de Arte Romano

Calle de José Ramón Mélida, s/n

06800 Mérida (Badajoz)

T. +34 924311690

http://www.mecd.gob.es/mnromano/home.html

Consorcio Ciudad Monumental de Mérida

Calle Santa Julia, 5

06800 Mérida (Badajoz)

T. +34 924004908

http://www.consorcio-merida.org/

Die wirtschaftliche Grundlage vieler Städte an der Straße von Gibraltar war der Thunfischfang. Insofern verwundert es nicht, wenn sie den Fisch stolz auf ihren Münzen abbildeten und partout nicht auf ihn verzichten wollten...

32 ADRA (ABDERA) – EIN LEBEN IM ZEICHEN DES THUNFISCHS

Andalusien

Das moderne Städtchen Adra rühmt sich, der viertälteste Ort Spaniens zu sein – und aus seiner Perspektive tut er das zu Recht, denn seine Gründung geht auf das 8. Jh. v. Chr. zurück. Die östlichste aller phönizischen Niederlassungen an der Küste Südspaniens lag östlich der heutigen Stadt (Abb. 65): auf dem Cerro de Montecristo, westlich der Mündung des Rio Grande de Adra. Die Ansiedlung auf dem knapp 50 m hohen Hügel ermöglichte es, die Flussmündung zu kontrollieren. In phönizisch-punischer Zeit wie unter der Herrschaft Roms florierte der Hafen: Erze aus der nahegelegenen Sierra de Gádor, Holz, Trockenfisch und *garum* wurden hier verschifft. Die strategisch motivierte Gründung wie der Export: Heute sind sie – auch aufgrund der Veränderungen der Küstenlinien in diesem Gebiet – schwer vorstellbar. Monumentale Überreste aus diesen Jahrhunderten darf man hier nicht erwarten. Stattdessen wartet die Überlieferung mit einem Zeugnis ganz eigener Art auf: mit Münzprägungen aus der Zeit der Republik und der frühen

Abb. 65: Luftbildaufnahme des modernen Adra, das südöstlich der Sierra Nevada in der unteren Alpujarra liegt.

Kaiserzeit, die das hartnäckige Ringen um die Wahrung phönizischer Tradition in Bild und Schrift widerspiegeln (Abb. 66).

So zeigt der Münztypus aus republikanischer Zeit auf der Vorderseite einen viersäuligen Tempel und auf der Rückseite den Stadtnamen zwischen zwei Thunfischen, Grundnahrungsmittel der Region und Grundlage der *garum*-Produktion. Unter Tiberius prägt *Abdera* auf der Vorderseite auf einmal das Portrait des Kaisers samt Titulatur. Der Tempel ist auf die Rückseite verdrängt worden, hat aber die älteren Elemente der Selbstdarstellung geschickt bewahrt: Der weiterhin punisch geschriebene Ortsname schmückt den Giebel des Tempels und die Thunfische sind – auf dem Kopf bzw. auf der Schwanzflosse stehend – zu Säulen der Tempelfront geworden. Eine weitere Variante zeigt auf der Rückseite eben diesen Tempel, nun aber ergänzt um die latinisierte Form des Stadtnamens. Dabei sind die einzelnen Buchstaben zwischen die Säulen gesetzt. Diese Form scheint sich durchgesetzt zu haben, denn schließlich verschwindet der punische Namenszug im Giebel und an seine Stelle tritt ein großer achtstrahliger Stern. Dieses vieldeutige Symbol konnte gewissermaßen alle zufriedenstellen: Er scheint aus dem punischen Bildvorrat übernommen, kann aber auch als das *sidus Iulium*, der im Juli 44 v. Chr. in Rom gesichtete Komet, der zur Grundlage für die göttliche Verehrung Caesars als *Divus Iulius* wurde oder aber eine ähnliche Himmelserscheinung während der Säkularfeier des Augustus aufgefasst werden. Plastischer als anhand dieses Mediums kann einem der Prozess der Romanisierung kaum vor Augen geführt werden.

Museen/ archäologische Stätten

Museo de Adra

Plaza Plaza de San Sebastián, s/n

08225 Almería

T. +34 950403546

https://www.andalucia.org/de/adra-kultureller-tourismus-museo-de-adra

Abb. 66: Wenn der Thunfisch zur Säule wird... So anschaulich vollzieht sich der Prozess der Romanisierung auf den Münzprägungen *Abderas*.

Immerhin in der prähistorischen Archäologie spiegelt sich die Bedeutung der Hafenstadt Almeriá wider – leiht sie doch einer jungsteinzeitlichen Ackerbaukultur in der Region ihren Namen. Was jedoch die antike Urbanistik anbelangt, birgt der südlichste Zipfel des *conventus Carthaginiensis* noch so manches Rätsel.

33 ALMERÍA (URCI) – EIN SPÄTER HAFEN UND SEIN FRÜHES UMFELD

Andalusien

Ob die arabische Gründung aus der Mitte des 10. Jhs. einen größeren römischen oder gar phönizischen Vorläufer hatte, lässt sich anhand der jeweils spärlichen Funde aus dem Bereich der Alcazaba, der imposanten mittelalterlichen Festung, kaum sicher ableiten. Aber auch wenn ältere bauliche Hinterlassenschaften unterhalb des Burgbergs bislang weitgehend fehlen (eine *garum*-Produktionsstätte stellt die Ausnahme dar), so beweist die Häufung von Feinkeramik zwischen dem 5. und 7. Jh., dass Gewerbetreibende hier ansässig waren. Die Zuschreibung jenes *Portus Magnus*, den kaiserzeitliche Autoren irgendwo an diesem Küstenabschnitt verorten, in die Gegend des heutigen Almería durch die Forschung besitzt demnach eine gewisse Wahrscheinlichkeit.

Abb. 67: Reste der Befestigungen des bronzezeitlichen Fundplatzes Los Millares im Hinterland von Almería.

Abb. 68: Ein bei den Ausgrabungen von El Chuche gefundener, reich verzierter Elfenbeinkamm (4.–2. Jh. v. Chr.) zeugt vom Wohlstand der Eliten im iberischen *Urci*.

Nicht unterschätzt werden darf die Abhängigkeit der hiesigen Hafentätigkeit vom Hinterland, das über den unmittelbar östlich von Almería ins Mittelmeer mündenden Río Andarax stets gut erschlossen war. War in der Bronzezeit 25 km flussaufwärts noch die Siedlung Los Millares mit ihren mehrfach gestaffelten Festungsringen (Abb. 67) und zahlreichen Kuppelgräbern ein überregional einflussreiches Zentrum gewesen, so erfüllte in iberischer und römischer Zeit *Urci*, nur gut 10 km flussaufwärts, diese Funktion. Dank umfangreicher Grabungen der 1970er Jahre in der Gemarkung El Chuche (am westlichen Flussufer des Andarax, unweit der Ortschaft Benahadux) lässt sich hier – im Bereich der Hügel El Paredón und Las Agüicas – eine Siedlungskontinuität bis in die Spätantike nachweisen. Umstritten ist zwar noch, ob der Ort, den Plinius der Ältere als *oppidum* einstuft (Naturgeschichte 3,19), derjenige ist, der bereits früh Münzen mit der Legende *URKESKEN* prägte. Doch zeugen besondere Funde wie ein reich verzierter Kamm aus Elfenbein davon, inwieweit bereits der vorrömische Handel mit Luxusartikeln Spuren hinterlassen hat (Abb. 68). Der für diese Zeit uns namentlich noch unbekannt bleibende, günstig gelegene Naturhafen in der Gegend des späteren Almería wird hierzu seinen Part beigetragen haben.

Museen/ archäologische Stätten

Museo de Almería

Carretera de Ronda, 91

04005 Almería

T. +34 950016256

http://www.museosdeandalucia.es/web/museodealmeria

Centro de Interpretación Puerta de Almería

Calle Parque Nicolás Salmerón, 27

04002 Almería

T. +34 697953445

https://www.juntadeandalucia.es/cultura/enclaves/enclave-arqueologico-puerta-de-almeria

Yacimiento de Los Millares

Carretera Venta Los Millares, AL-3411,

04420 Santa Fe de Mondújar, Almería

T. +34 677903404

https://www.juntadeandalucia.es/cultura/enclaves/enclave-arqueologico-de-los-millares

Städterivalität kann zu erstaunlichen Leistungen führen – ein schönes Beispiel bietet das heute eher verschlafen wirkende Städtchen Antequera.

34 ANTEQUERA (ANTICARIA) – „EIN ANDALUSISCHES ATHEN"

Andalusien

Anticaria liegt günstig. Am Fuße der Sierra del Torcal, in einer Höhe von etwa 575 m, an den weiten Auen des Guadalhorce. Hier kreuzten sich die Straßen, die das Landesinnere – das mittlere Tal des *Baetis* –, und also die Provinzhauptstadt *Corduba* und *Astigi* mit der Küstenstadt *Malaca* verbanden, mit denen, die vom Mittelmeerhafen *Carthago Nova* über Städte wie *Acci*, *Iliberris* und *Hispalis* schließlich zu dem am Atlantik gelegenen *Gades* führten. Hier handelte man mit Öl und Getreide aus dem ertragreichen Umland, mit *garum* aus den Küstenregionen oder aus Nordafrika; die Handelsgüter passierten die Stadt auf ihrem Weg an die Küste oder eben in das Landesinnere. Hier verteidigte man das Hinterland der *Baetica*, als in den 80er Jahren des 2. Jhs. n. Chr. im Abstand von nur sechs Jahren gleich zweimal *Mauri* einfielen. Die guten Kommunikationswege, das fruchtbare Land und die strategische Bedeutung von *Anticaria* haben aber weder die antiken Autoren motiviert, sich hinsichtlich des Munizipiums zu äußern, noch fühlt sich die moderne Stadtarchäologie bemüßigt, die römische Vorgängersiedlung Antequeras zu Tage zu fördern. Die Forschung geht davon aus, dass sich das Forum im Bereich der Colegiata de Santa María und der Calle San Salvador befunden haben dürfte; in unmittelbarer Nähe ist man auf Thermen gestoßen und unter dem Convento de Santa Catalina fand sich eine *domus*. Doch nicht aufgrund dieser Befunde aus der frühen Kaiserzeit lohnt sich der Weg in das malerische Städtchen, sondern wegen eines singulären Bogens mit der Funktion eines Stadttores bzw. Stadttores in Form eines Bogens aus dem 16. Jh.

Der Arco de los Gigantes

Am 7. Mai 1585 beschloss der Stadtrat von Antequera den Bau eines Stadttores. Das alte sei zu eng, argumentierten die Ratsherren; es böte vor Dieben keinen Schutz und Liebenden eine Rückzugsmöglichkeit. Weiter hieß es, man wisse von der Existenz römischer Zeugnisse in der Stadt und unmittelbaren Umgebung, die ihr Alter belegen würde und wolle sie zur Selbstdarstellung nutzen. Das Ergebnis – der Arco de los Gigantes – ist noch heute zu bewundern: Ein etwa 7 m hoher und rund 2 m breiter Bogen, zwischen die Außenmauer der arabischen Al-

cazaba und das ehemalige Gerichtsgebäude platziert (Plaza de los Escribanos). Als Teil einer Attika schmückt eine Dedikationsinschrift das Monument auf der der Stadt zugewandten Seite, zu beiden Seiten eines zentral über den Schlussstein gesetzten Altars, der – aus weißem Marmor gefertigt – die Form eines Kruges mit Lilien hat, seines Zeichens Teil des Wappens der Stadt (Abb. 69).

Die beiden anderen plastischen Elemente, ein Löwe und das Tor eines Kastells, rahmen linker respektive rechter Hand die Tafeln ein. Der Altar dient als Postament einer Statue, wie sie wohl zu mehreren und teilweise in kolossaler Größe den Bogen schmückten respektive den Durchgang flankierten. Von ihnen – den „Giganten" – rührt der Name des Bogens bzw. Stadttores und sie gaben auch den jeweiligen Seiten ihren Namen: Nach einer Herkules-Statue nannte sich die der Stadtmitte zugewandte Seite (Plaza Alta oder de la Feria); eine Statue der Fama gab der anderen Seite (Plaza de los Escribanos) ihren Namen. Der Ad-

Abb. 69: Der Arco de los Gigantes auf der der Stadt zugewandten Seite. Die Statue des „Giganten" Herkules befand sich mittig über dem Altar. In seinem Rücken schmückte eine Statue der Fama die Seite, die der Colegiata Santa María la Mayor gegenüberlag.

Museen/ archäologische Stätten

Museo de la Ciudad de Antequera
Palacio de Nájera
Plaza del Coso Viejo
29200 Antequera (Málaga)
T. +34 952708300
http://turismo.antequera.es/place/museo-municipal/

ressat der Inschrift ist Philipp II., dem der *senatus* (!) diese Statuen und die – über beide Seiten des Bogens verteilten – 44 epigraphischen Monumente aus der Stadt selbst, aber auch aus den umliegenden Städten *Singilia*, *Illura* und *Nescania* widmet, damit sie vom Alter und Adel Antequeras künden. Eine von Juan de Mora – dem Inhaber des Lehrstuhls für Grammatik – verfasste Schrift berichtet von Beschlussfassung wie Baugeschichte und bietet die Texte sämtlicher Inschriften. Sein Schüler Agustín de Tejada Paez verweist 1587 zudem in einer Abhandlung darauf, dass mit dem Abriss des alten Stadttores nun auch das letzte Zeugnis arabischer Herrschaft beseitigt worden sei. Das Bestreben nach repräsentativer Selbstdarstellung und die humanistischen Bemühungen, ein öffentliches Museum der römischen Altertümer der Region zu schaffen, gehen also Hand in Hand.

Aber der Arco de los Gigantes hatte auch eine eminent politische Bedeutung: Ein Triumphbogen war eines der herausragendsten Monumente, das zu Ehren eines Herrschers errichtet werden konnte. Ein Bogen mit der Funktion eines Stadttores galt zudem als konstitutives Element eines *adventus Augusti*, also einer „entrada real" und verlieh damit einer Stadt die Autorität, wenigstens einmal zeitweise *urbs regia* gewesen zu sein. Er trug grundsätzlich eine bildliche Darstellung des Geehrten oder eine Allegorie seiner Person. In Antequera schmückten den Bogen linker Hand ein überlebensgroßer Trajan, da er aus der Region stammte, rechter Hand der Ritter P. Magnius Rufus Magonianus, der für eine Verringerung der Tributzahlungen gesorgt hatte. Mittig aber stand Herkules – mit Keule, Löwenfell und königlichem Wappen –, galt er doch als Stadtgründer, der den ersten Altar in Hispanien, um den Göttern zu opfern, in *Anticaria* aufgestellt habe. Tatsächlich galt der antike Heros seit Karl V. als „mythischer Patron der spanischen Krone"; er vereinte also Herrscherpanegyrik und Städtelob – eine Funktion, die er als Protagonist der „entrada real" von Philipp II. 1570 in Sevilla ebenfalls erfüllt hatte. Die Stadt, die sich als „neues Rom" sah, hatte dessen Besuch erbeten, als die Stände (*cortes*) in Córdoba tagten und den Herrscher mit einem *adventus* empfangen. Jedenfalls zielte die Darstellung des Herkules auf die Konstruktion eines Nahverhältnisses zu Philipp, gerade weil er Antequera selbst niemals einen Besuch abstatten sollte.

„Ein andalusisches Athen"

Der Lehrstuhl für Grammatik an der Colegiata de Santa María la Mayor stand in engem Kontakt zu den Universitäten von Osuna, Granada und Sevilla (Abb. 70). Die humanistische Ausbildung, die Lehrstuhlinhaber wie Juan de Mora hier leisteten, den Philipp II. persönlich finanziell unterstützte, hatte Antequera den Ruf verliehen, ein „Atenas andaluza" zu sein. Humanisten wie er wussten, dass die Ursprünge ihrer Stadt in mythischer Vorzeit liegen, der Name sich mittels einer originellen Etymologie auf Herkules zurückführen lassen und es sich bei ihren Einwohnern um römische Bürger gehandelt haben musste. Aber sie wussten auch, dass diese Faktoren selbst en bloc nicht mehr ausreichten, wenn sie ihre Heimatstadt Antequera in Konkurrenz zu Sevilla als eine besondere darstellen wollten: Ihre aktuelle Geschichte musste übergangslos an die römische anknüpfen, d. h. nichts durfte darauf hinweisen, dass man jahrhundertelang unter Fremdherrschaft gestanden hatte. Weiterhin musste sie ihre Loyalität und Nähe gegenüber dem Herrscher zum Ausdruck bringen, und zwar dauerhaft und für alle sichtbar. Roms Erbe half mithin den Antequeraner Humanisten, sich gegenüber dem neuen Rom als Stadt mit Tradition und Prestige zu behaupten. Ihr Bogen mit der Funktion eines Stadttores oder ihr Stadttor in Form eines Bogens zeigte jedem, der auf seinem Weg nach Sevilla, Málaga oder Granada bis Antequera kam, dass in dieser Stadt das alte Rom präsent war. Und das wahrlich nicht in Form eines Museums – sondern als höchst lebendiges politisches Monument.

Abb. 70: Die Colegiata de Santa María la Mayor in Antequera.

In den Marismas, den Salzmarschen in der Umgebung von Ayamonte, leben heute Reiher und Flamingos. Doch bereits Phönizier und Römer wussten sich hier, hinter den breiten Sandstränden an der Guadiana-Mündung, einzurichten.

35 AYAMONTE (OSTIUM FLUMINIS ANAE) – EIN GRENZGEBIET MIT EXOTISCHEN IMPORTEN

Andalusien

Der Guadiana war schon immer ein Grenzfluss. Schon seit über 750 Jahren liegen sich an Teilen seines Mittel- und Unterlaufs im Westen Portugal und im Osten Spanien gegenüber, während er einige Jahrzehnte zuvor noch die christlichen und muslimischen Reiche im Süden der Iberischen Halbinsel trennte. In der römischen Kaiserzeit schied der *Ana* genannte Strom die Teilprovinzen *Baetica* und *Lusitania* voneinander und scheint bereits frühgeschichtlich als Nordwestgrenze des von Tartessos beherrschten Gebiets fungiert zu haben.

Zugleich sorgte der Metallreichtum jener Tartessier bereits für eine baldige Öffnung des *Ana* für mediterrane kulturelle Einflüsse. Für die Phönizier, die bereits gut 150 km südöstlich an der gegenüberliegenden Seite des heutigen Golfes von Cádiz mit *Gadir* bzw. *Gades* einen wichtigen Stützpunkt besaßen, erwies sich im 8. und 7. Jh. v. Chr. die Präsenz an der leicht zugänglichen Flussmündung als vorteilhaft (Abb. 71). Bis heute bilden am Ostufer des Guadiana mehrere Seitenarme ein geschützt gelegenes Marschengebiet. Inmitten desselben boten einst einige größere vorgelagerte und mit langen Stränden ins Mittelmeer auslaufende Inseln bzw. Halbinseln (Isla Canela und Isla Cristina) ideale Bedingungen für die Anlage von Handelsposten. Dass es dabei nicht blieb, sondern die Phönizier auch dauerhaft hier siedelten, zeigen die Ergebnisse einiger – dann auch unter Beteiligung des Deutschen Archäologischen Instituts Madrid – seit 2008 erfolgten Notgrabungen in Hoya de los Rastros, einem Ortsteil von Ayamonte.

Zu den zunächst fünf entdeckten Schachtgräbern mit ihren keramischen Beigaben und für Brandbestattungen genutzten Amphoren kamen inzwischen weitere hinzu, so dass man hier die bislang westlichste phönizische Nekropole Europas attestieren darf. Als besondere Funde (und wohl als Hinweise auf den durch einträglichen Metallhandel erlangten Wohlstand der zugehörigen Siedlung zu deuten) kamen hier ein halbes Dutzend wahrscheinlich in Ägypten gefertigter Amulette respektive Siegel in Skarabäus-Form ans Tageslicht.

Wenige Meter von der Nekropole entfernt in Richtung Guadiana sind in der Calle Galdames Reste römischer Keramik gefunden worden und

auch im 5 km südöstlich gelegenen Punta del Moral hat es am dortigen breiten Flussarm, dem Río Carreras, in der Spätantike anscheinend einen florierenden Hafenort samt Lagerhäusern und Nekropole gegeben. Zusätzlich zur Flussroute mit einer Straße an die binnenländische Provinzhauptstadt *Augusta Emerita* angebunden sind die Siedlungen am *Ostium* (der Mündung) des *Ana flumen* offenbar trotz ihrer peripheren Lage relevant geblieben.

Abb. 71: Den durch den *Ana* (links) und seine weiter östlich gelegenen Mündungsarme gebildeten Küstenabschnitt mit seinen zahlreichen Inseln wussten vor den Römern bereits die Phönizier zu schätzen.

Beim Dorf Bolonia, inmitten der Dünenlandschaft des Parque natural del Estrecho, dem südlichsten Naturschutzgebiet des europäischen Festlandes, wird seit 1917 Stück für Stück eine hervorragend erhaltene römische Hafenstadt ausgegraben.

36 BOLONIA (BAELO CLAUDIA) – VOM FISCHERDORF ZWISCHEN DÜNEN ZUR PLANSTADT MIT BLICK NACH AFRIKA

Andalusien

Schon in vorrömischer Zeit dürfte es an dem geschützt gelegenen breiten Strand, östlich des jetzigen Kaps Punta Camarinal, zu Handelsaktivitäten gekommen sein. Denn hier befand sich ein günstiger Punkt für die knapp 4 km nördlich der Küste, schon auf 457 m Höhe gelegene eisenzeitliche Siedlung von Silla del Papa, um mit den Phöniziern und später den Puniern in Kontakt zu treten, die ihrerseits einen Stützpunkt gut 15 km weiter südöstlich – auf der Isla de las Palomas beim heutigen Tarifa – hatten. Noch bis in augusteische Zeit existierte das indigene Oppidum, ehe es mit dem inzwischen oberhalb des besagten Strands entstandenen römischen Hafenstädtchen zusammengelegt wurde. Dieses war schon einige Jahrzehnte zuvor zum historischen Schauplatz geraten, als Sertorius hier 80 v. Chr. mit der Landung eines Expeditionskorps seine hispanischen Feldzüge gegen die Optimaten unter Sulla einleitete. In diesem lokalen Umfeld bereits im 2. Jh. v. Chr. geprägte Münzen – mitunter noch mit libyo-phönikischen Legenden – verraten, dass es sich beim Ort dieser Geschehnisse um *BAILO* handelte.

Das römische *Baelo* kennt Strabo (Geographie 3,1,8) dann als Ort der Fischverarbeitung sowie als wichtigen Fährhafen für die Passage nach *Tingis* an der gegenüberliegenden afrikanischen Küste. Etwa ab dem Jahr 42 n. Chr., in dem Moment, als Claudius ebendort die Provinzialisierung Mauretaniens vorantrieb, wuchsen auch der Stadt an der Südspitze des *conventus Gaditanus* neue Aufgaben – und Privilegien – zu. Die Aufwertung zu einem Munizipium und die Verleihung des Namenszusatzes *Claudia* gaben den städtebaulichen Kurs vor, für den ein regelmäßiges Straßenraster und ein mit bis zu 40 dicht an dicht stehenden Rechtecktürmen gespickter Mauerring den Rahmen absteckten. Mehrere vom Küstengebirge Sierra de la Plata herangeführte Aquädukte durchliefen die Stadt und scheinen zuvörderst für die *garum*-Produktion im hafennahen Viertel, wo noch diverse sorgfältig verputzte Fermentations-Becken sichtbar sind (Abb. 72), eine Rolle gespielt zu haben. Eine größere Thermenanlage im Südwesten des etwa 13 ha großen Stadtgebiets stammt hingegen erst aus dem 3. Jh. n. Chr. Zu

Museen/ archäologische Stätten

Conjunto Arqueológico de Baelo Claudia

Ensenada de Bolonia, s/n
11380 Tarifa (Cádiz)
T. +34 956106797
http://www.museosdeandalucia.es/web/conjuntoarqueologicobaeloclaudia

Abb. 72: Die sich durch ihre großen Becken auszeichnenden Faktoreien zur Herstellung von *garum* benannte bereits Strabo (3,1,8) als typische Bauten in der Hafenstadt *Baelo*.

diesem Zeitpunkt hatte die Stadt zum wiederholten Male mit der Beseitigung von Erdbebenschäden und Piratenüberfällen zu kämpfen, doch scheint die kommerzielle Bedeutung *Baelo Claudias* ihren Niedergang noch hinausgezogen zu haben. Als der Ort dann im frühen 7. Jh. endgültig verlassen wird, bleiben als gut erhaltene Bauten das claudische Theater, v. a. aber ein einst multifunktionales Stadtzentrum zurück.

Die nördliche Hälfte des Forums hatte in augusteischer Zeit noch über eine Rednerbühne verfügt, die aber um die Mitte des 1. Jhs. durch ein dreigeteiltes Kapitolium überbaut wurde. Ein östlich hieran angrenzendes Isis-Heiligtum ergänzte die Verehrung der römischen Göttertrias, während ein *macellum* an der südwestlichen Forumsecke ab dem späten 1. Jh. auch eine kleine Kultstätte für Merkur beinhaltete. Jenes zweigeschossige Marktgebäude übernahm die Funktion der vormals an der östlichen Platzseite aufgereihten *tabernae*. Baulich hervorgehoben

Abb. 73: Inmitten der heute eine weite Aussicht über die Umgebung ermöglichenden Gerichtsbasilika am Forum ragt eine überlebensgroße Statue Kaiser Trajans auf.

blieben am Forum mit einer *curia* noch die administrative Nutzung sowie als Ort der Rechtsprechung eine gut 36 x 20 m messende Basilika aus frühclaudischer Zeit. 14 aus diesem Bau überdauerte Kapitelle auf teils wiedererrichteten Säulen sowie eine hier aufgestellte, mehr als 3 m große Marmorstatue Trajans als *togatus* (das Original steht heute im Museo de Cádiz) können heute als Wahrzeichen des römischen *Baelo* gelten (Abb. 73).

Gades kann sich rühmen, die älteste Stadtgründung der Phönizier auf der Iberischen Halbinsel zu sein; Heimatstadt der ersten Senatoren nicht italischer Herkunft, Ausgangspunkt für die Atlantikschifffahrt, kosmopolitisch – und das alles am Ende der Welt!

37 CÁDIZ (GADES) – „VIELERLEI HÄFEN" AM ENDE DER WELT

Andalusien

Die Kolonisten, die sich wohl im 9. bzw. 8. Jh. v. Chr. aus Tyros auf der Suche nach den begehrten Metallen bis in den äußersten Westen der Oikumene aufgemacht hatten, gründeten „vielerlei Gadeira". Die vorgelagerten Inseln – *Erytheia* und *Kotinousa* – und das Festland, wo die Tyrer Siedlungsplätze anlegten, ergänzten sich insofern, als die geostrategisch bedeutsame Lage und der direkte Zugang zu den Ressourcen des Hinterlandes deren Kommerzialisierung beförderten (Abb. 74, S. 130). Aller Wahrscheinlichkeit nach war in diese das Heiligtum für Melkart involviert: Der Tempel für den herausragenden Repräsentanten des tyrischen Pantheons in der Diaspora entwickelte sich gleichermaßen zu einem „lieu de mémoire" der phönizisch-punischen Kolonisation wie zu **dem** Symbol des *finis terrae*. Die bekanntesten Feldherren Karthagos wie Roms, so bspw. Hannibal und Caesar, erwiesen Melkart, der sich zu Herakles wandelte und schließlich Hercules Gaditanus wurde, ihre Reverenz und konsultierten das zugehörige Orakel. Die Münzprägungen spiegelten die identitätsstiftende Funktion des Tempels, die sich mit dem Stolz der Stadt auf ihre phönizisch-punische Vergangenheit verband.

Ein römisches Stadtbild mit phönizisch-punischen Wurzeln

Entsprechend sind die Strukturen, auf denen die „Neustadt" in der 2. Hälfte des 1. Jhs. v. Chr. entstand, phönizisch-punisch. Doch dieser „Bauschub", den offenbar bereits die Verleihung des römischen Bürgerrechts im Jahre 49 durch Caesar initiierte und nicht erst die Erhebung in den Status eines Hauptortes des *conventus Gaditanus* durch Augustus, hatte ein genuin römisches Stadtbild zur Folge, das neben den üblichen Elementen römischer Infrastruktur und Stadtarchitektur die Anlagen gleich mehrerer Häfen prägten. Die Mauern fassten ein Gebiet von rund 50 ha ein, das durch ein – möglicherweise vorrömische Wegführungen aufnehmendes – Straßensystem organisiert und von einem der mit über 75 km längsten Aquädukte Hispaniens mit Wasser

Abb. 74: Luftbild der Bahía de Cádiz.

versorgt wurde. Unter den Heiligtümern waren sowohl solche, die an die Frühzeit erinnerten – neben Hercules Gaditanus galt die Verehrung Kronos-Saturn, also Baal Hammon, und Venus Marina, mithin Astarte – als auch solche, die klar auf Rom verwiesen wie ein Tempel der Minerva oder ein Tetrastylos, der aller Wahrscheinlichkeit nach Augustus selbst geweiht gewesen sein dürfte. Als eine der drei Spielstätten lag das Theater am Eingang des Hafenkanals, der die beiden Inseln trennte, und dürfte bei der Einfahrt vom Meer her die Silhouette der Stadt entscheidend bestimmt haben (Abb. 75).

Jedenfalls verfügten beide Inseln über Häfen, von denen sich der kleinere zum Atlantik hin orientierte, während der größere dem Festland zugewandt lag und derart geschützt, dass Be- und Entladungen im größeren Stil möglich waren. Außerdem existierten auf dem Festland noch der sog. *Portus Gaditanus* sowie diverse Landungsbrücken – aus Amphoren und (Pinien-)Holz gefertigt – entlang der Halbinseln. Ein dem größeren Hafen gegenüber platzierter Leuchtturm erleichterte die Einfahrt in die Bucht von *Gades*; ein weiterer dürfte den Weg in den Hafen gewiesen haben. *Gades* profitierte von der *pax Augusta*: Die Schiffe, die Erträge aus dem *Baetis*-Tal beförderten – unter anderen das Öl der *Baetica* im Rahmen der *annona* und die Metalle der zukünftig kaiserlichen Minen in der Sierra Morena –, mussten jetzt verpflichtend

Abb. 75: Rekonstruktion des kaiserzeitlichen Stadtbildes.

hier Station machen. Es fungierte als Ausgangspunkt für die Atlantik-Schifffahrt in die Nordwest-Provinzen, und die Route nach Ostia bzw. Puteoli wurde zu einer der wichtigsten im Imperium. Ein unerschöpflicher Reichtum an Getreide, Wein, Öl von ausgezeichneter Qualität, Vieh und Jagdwild, Austern, Meeresaalen und Thunfischen scheint *Gades* in „riesigen Frachtern“ verlassen zu haben. Jedenfalls verfügten die Bucht wie die anliegende Campiña über die für die Herstellung der als Transportbehälter fungierenden Amphoren notwendigen Töpfereien in einer Dichte, wie aus dem gesamten Imperium Romanum keine vergleichbare bekannt ist. Die neue wirtschaftliche Dynamik, die Rom hier gerierte, ging jedoch zu Lasten des Nord-Süd-Austausches, der zuvor im sog. Circulo del Estrecho bestanden hatte.

Die kosmopolitische Gesellschaft einer Hafenstadt

Diejenigen, die diesen Handel betrieben, treten – mit Ausnahme der Cornelii Balbi – kaum aus der Anonymität der Überlieferung hervor; es lässt sich mithin nicht einmal ansatzweise ein repräsentativer Einblick in die Sozialstruktur der Hafenstadt gewinnen. Onkel und Neffe, wohlhabende Freunde Caesars und Octavians, sahen sich in bis dahin für „Auswärtige“ unbekanntem Ausmaß in die innersten Zirkel der römischen Macht integriert, traten sie doch als erste Nichtitaliker in den Senat ein. Der jüngere Balbus feierte nach seinem Sieg über die Garamanten in Nordafrika einen Triumph und ließ in Rom das *theatrum Balbi* errichten. Seiner baulichen Initiative hatte seine Heimatstadt gleichermaßen römische Architektur wie griechische Kultur zu verdanken, dürfte doch aller Wahrscheinlichkeit nach er den entscheidenden „Bauschub" veranlasst haben. Generell wohnten die Gaditaner – so Strabon – „größtenteils auf dem Meer" oder hielten sich in Rom auf, dem es hinsichtlich seiner Einwohnerzahl nicht nachstand; jedenfalls zähle es 500 Ritter, eine Anzahl, über die im Imperium ansonsten nur *Patavium* (Padua) verfügt habe. Namentlich bekannt sind uns allerdings nur sehr wenige, so wie z. B. L. Iunius Moderatus Columella, der Schriftsteller, oder ein gewisser M. Antonius Syriacus, der mit Sicherheit ortsfremd war; aber wie lange er sich aus Anlass seiner Amtsübernahme in *Gades* aufhielt und inwiefern diese geographische Mobilität sich für ihn möglicherweise mit sozialer verband, entzieht sich unserer Kenntnis. Iuba II., ein *amicus* des Augustus, der die *Mauretania* seit 25 v. Chr. als Klientelkönig beherrschte, bekleidete den Duumvirat gleichsam als Ehrenmagistratur. Unter Umständen war er *Gades* zudem als Patron verbunden und leistete der Stadt wirtschaftliche Unterstützung und juristischen Beistand – eine Funktion, die auch Agrippa wahrnehmen sollte. Auf diese Art und Weise suchten die Gaditaner wohl einerseits ihre Beziehungen nach Nordafrika zu festigen und versicherten sich andererseits ihrer Bedeutung in Rom selbst, wo sie jedoch ohnehin präsent waren, verfügten sie doch als Kollektiv im Kolosseum über reservierte Plätze in der 11. und 12. Reihe. Jedenfalls verweist die Präsenz von Fremden in *Gades* selbst – wie z. B. von Albanius Artemidorus, dem Augenarzt, oder Troilus, dem griechischen Redner – durchaus auf eine gewisse „Offenheit", die das kosmopolitische Ambiente von Hafenstädten gemeinhin kennzeichnet.

Museen/ archäologische Stätten

Museo de Cádiz

Plaza de Mina s/n,
11004 Cádiz
T. +34 856105023
http://www.museosdeandalucia.es/web/museodecadiz

La Cueva del Pájaro Azul – Puerto de Gadir

Calle San Juan, 37 – 39
11005 Cádiz
T. +34 856386838
https://cuevadelpajaroazul.com/

Der bis auf 249 m ansteigende Hügelrücken von Alcores hatte schon einer jungsteinzeitlichen Glockenbecherkultur, einer bronzezeitlichen Siedlung der Tartessier und den iberischen Turdetani einen weiten Rundumblick über die Ebenen südlich des unteren Guadalquivir ermöglicht – den auch Karthager und Römer noch zu schätzen wussten.

38 CARMONA (CARMO) – REICHES LEBEN UND REICHES STERBEN IM SCHATTEN EINER FESTUNG

Andalusien

Schon bald nachdem die Karthager unter den Barkiden in den 230ern v. Chr. ihr Herrschaftsgebiet im Süden der Iberischen Halbinsel ein gutes Stück ins Landesinnere ausgeweitet hatten, zeigte sich die strategisch vorteilhafte Position des hochgelegenen indigenen Ortes, der nunmehr offenbar eine wichtige punische Gottheit zum Namenspaten bekam. Keimzelle für die noch in der modernen Ortsbezeichnung durchschimmernde „Stadt des Hammon" (*Kar-Hammon*) war der Teil des heutigen Carmona, der sich in einem Radius von rund 100 m um die Iglesia de San Blas erstreckt.
Zum Schutz der dann streifenförmig nach Südwesten – bis auf eine Fläche von gut 8 ha – anwachsenden Siedlung, aber anscheinend auch im Hinblick auf militärische Überlegungen wurde im späten 3. Jh. v. Chr. nicht nur dieser Bereich, sondern das gesamte etwa 42 ha umfassende Hochplateau mit einem Mauerring eingefasst. Der imposante Eindruck der starken Befestigung lässt sich besonders gut am einstigen Südwest-Tor der Stadt ersehen, der Puerta de Sevilla. Zwar wird das 3 m breite Kammertor – heute als Gelenk zwischen Alt- und Neustadt von Carmona zentral gelegen – von den Türmen und Zinnen der es flankierenden hochmittelalterlichen Torburg geprägt, doch erkennt man in den unteren Steinlagen noch die bossierten Quader hellenistischer Mauertechnik, wie sie für spätkarthagische Stadtbefestigungen charakteristisch war. Man kann sich leicht vorstellen, wie sich die 206 v. Chr. römisch gewordene Stadt auch in Folge immer wieder als Rückzugs- und Nachschubzentrum für Feldherren bewährte, die sich gegen lusitanische Aufständische oder (in den Bürgerkriegen der späten Republik) feindliche Legionen behaupten mussten.
Augenfällig zeigte sich dann das Anbrechen der *pax augusta* für *Carmo* an dieser Stelle: Nicht nur thronte seitdem ein Podiumstempel auf der Bastion neben dem Stadttor, sondern es verlief auch die wichtige Überlandverbindung der Via Augusta als *cardo maximus* quer durch die

Museen/ archäologische Stätten

Museo de la Ciudad de Carmona

Casa Palacio Marqués de las Torres,

Calle San Ildefonso, 1

41410 Carmona (Sevilla)

T. 34 954140128

http://www.museociudad.carmona.org/1museo/informacion.htm#lugares

Conjunto Arqueológico de Carmona

Avda. de Jorge Bonsor, 9

41410 Carmona (Sevilla)

T. +34 600143632

http://www.museosdeandalucia.es/web/conjuntoarqueologicodecarmona

Stadt – von hier bis zur jetzigen Puerta de Córdoba. Wahrscheinlich hat die Lage *Carmos* an dieser Straße, als Station zwischen den beiden *conventus*-Hauptorten *Hispalis* und *Astigi*, für regen Durchgangsverkehr und mit diesem auch für Wohlstand gesorgt. Für ein Munizipium jedenfalls besaß die Stadt vergleichsweise viele reichhaltig mit Mosaiken ausgestattete Häuser und scheint nach Ausweis einiger Kapitell- und Säulenreste vom Forum, das sich auf Höhe der Plaza de San Fernando befunden haben dürfte, ebendort eine weitere gewaltige Tempelanlage besessen zu haben.

Monumental, aber bereits extraurban gelegen, war auch das durch einen Münzfund als frühaugusteischer Bau datierbare Amphitheater rund 800 m westlich der Puerta de Sevilla. Im gleichen Jahr wie jene Spielstätte, 1881, ist unmittelbar südlich derselben eine ausgedehnte Nekropole entdeckt worden, die – den Stadtbefestigungen vergleichbar – auf vorrömischen Traditionen aufbaute. Zwischen den mehreren Hunderten hier dokumentierten Bestattungen, vielfach ab dem 2. Jh. v. Chr. angelegte Brand- oder Urnengräber, ragen einige große Tumuli sowie eine Gruppe runder Mausoleen hervor. Besonderes Forschungsinteresse rief aber eine Handvoll hypogäer Kammergräber mit in den Fels eingetieften Vorhöfen hervor, benannt nach den hier – durch Inschriftenfunde bezeugten – Bestatteten (Tumba de Postumio) oder auffälligen Funden von Grabplastik (Tumba del Elefante). Unter diesen Beispielen erinnert das größte, die besonders raumfüllende Tumba de Servilia (Abb. 76) mit ihrem säulenumstandenen Vorhof an unterirdische Grabanlagen hellenistischen Typs, wie sie auf Zypern oder im ägyptischen Alexandria zu finden sind. Mochten sich *Carmos* städtische Oberschichten hier noch in der frühen Kaiserzeit bevorzugt in einem weitgehend verborgenen, eher privaten sepulkralen Umfeld präsentieren, so zeigt sich im sonstigen Stadtbild, insbesondere aber im „epigraphic habit“, dass sie längst zur provinzialen Elite gehörten.

Abb. 76: Das frühkaiserzeitliche Grab der Servilia mit seinem imposanten in den Fels gearbeiteten Säulenhof wurde nach hellenistischen Vorbildern angelegt.

Eine Stadt hat den Status, den ihr Hinterland ihr ermöglicht – *Castulo* ist ein schönes Beispiel für ein Oppidum, das die Ressourcen seines fruchtbaren Territoriums, Blei- und Silberminen, zu nutzen verstand.

39 CÁSTULO (CASTULO) – DIE GRÖSSTE STADT DER ORETANIA

Andalusien

Groß war die Begeisterung, als während der Grabungskampagne der Initiative „Forum MMX" im Jahre 2012 ein Mosaik zutage gefördert wurde, dessen hohe Qualität sofort ins Auge fiel: Die rund 750.000 farbigen Steinchen waren von einer Machart, wie sie in Pompeji verwendet wurde; die Bilderwelt entsprach jener, die man aus Sizilien oder Nordafrika kannte. Das „Mosaico de los Amores" vom Ende des 1. bzw. Anfang des 2. Jhs. zeigt in einer Größe von 15,80 m x 11,60 m zahlreiche von Flechtbändern eingefasste Figuren: neben den namensgebenden Eroten, die Hasen und Vögeln nachstellen, in seinen Ecken Allegorien der vier Jahreszeiten. Die zentralen Szenen bieten das Urteil des Paris, das dieser – vor die Aufgabe gestellt, die schönste unter Aphrodite, Hera und Athena wählen zu müssen – zugunsten von Aphrodite fällt (Abb. 77, S. 136) sowie den Mythos von Selene und Endymion: der Mondgöttin, die ihren sterblichen Geliebten mit Hilfe von Zeus in einen ewigen Schlaf sinken lässt, um Nacht für Nacht bei ihm sein zu können, wenn er nur für sie erwacht. Das Mosaik schmückte einen Raum, der zu einem offensichtlich nie fertiggestellten Bau gehörte. Gesucht hatte man 2012 das Forum der Stadt, von dem man bis heute nicht weiß, wo es liegt – gerade einmal 2 % des Siedlungsareals von rund 50 ha sind aktuell durch Ausgrabungen bekannt, insofern ist bei einem einen Besuch des archäologischen Parks Phantasie vonnöten.

Museen/ archäologische Stätten

Conjunto Arqueológico de Cástulo

Carretera JVĐ3003 (Linares – Torreblascopedro)

Km 3,3 Linares (Jaén)

T. + 34 953106074 / + 34 600143464

http://www.museosdeandalucia.es/web/conjuntoarqueologicodecastulo

Museo Arqueológico de Linares Monográfico de Cástulo

Calle General Echagüe, 2

23700 Linares (Jaén)

T. + 34 53609381 / +34 953609389

http://www.españaescultura.es/es/museos/jaen/museo_arqueologico_de_linares.html

Castulo, die größte Stadt der Oretania...

Die Ursprünge des Munizipiums liegen zeitlich gesehen im 8. Jh. v. Chr., geographisch rund 7 km südlich von Linares, über dem rechten Ufer des Guadalimar. Eine erste Siedlung (Cerro de la Muela) mit einer metallurgischen Werkstatt, über der später ein Heiligtum angelegt wird, ist wohl phönizischer Provenienz. Die Geschichte des iberischen Oppidums und aller folgenden Ansiedlungen bestimmen ein fruchtbares Umland, Blei- und Silberminen sowie Verbindungen sowohl zur Ostküste als auch zum Atlantik. Strabon zufolge war *Castulo* die größte Stadt der *Oretania* (3,3,2); eine Aussage, die die weite Ver-

Abb. 77: Ausschnitt aus dem "Mosaico de los Amores", der Aphrodite, Hera und Athena zeigt, zudem Paris – auf einem Felsen sitzend und nach orientalischer Art gekleidet – und Hermes, der ihm einen goldenen Apfel überreicht. Insgesamt drei Darstellungen dieses Motivs sind zurzeit aus Hispanien bekannt.

breitung der Prägungen einer eigenen Münzstätte schon vor dem 3. Jh. v. Chr. ebenso bezeugen wie die noch sichtbare Stadtbefestigung aus dem 4. Jh. im Norden der Anlage oder die Nekropolen (Puerta Argentaria), deren Belegung auf das 5. Jh. zurückgeht. Jedenfalls stand das Oppidum in voller Blüte (Torre Alba), als es sich in den Auseinandersetzungen zwischen Rom und Karthago positionieren musste: Livius spricht von *Castulo* als *urbs Hispaniae valida ac nobilis* (24,41,7); Hannibal ging hier mit der Adligen Imilke den Bund der Ehe ein – eine Verbindung, die den Karthagern den Zugriff auf die Metallressourcen ermöglichte. Schon 214 v. Chr. fiel *Castulo* aber an Rom, 211 geriet es erneut unter karthagische Kontrolle, nur um dann ab 206 – nach der Eroberung durch Scipio – endgültig auf die römische Seite zu wechseln.

...und eine der wohlhabendsten der Baetica

Die Kontrolle und Ausbeutung der Minen der Region ging ausweislich von Bleisiegeln mit dem Zeichen *CS* oder *SC* an die *Societas Castulonensis* über. Die zunehmende wirtschaftliche und soziale Prosperität spiegelt sich in den Münzprägungen; auf die Aktivitäten der lokalen Elite – der Cornelii, Valerii und Iunii –, aber auch von Angehörigen der Reichsverwaltung wie z. B. eines gewissen Q. Torius Culleo, der in seiner Eigenschaft als *procurator Baeticae* im 2. Jh. n. Chr. für den Wiederaufbau der Stadtmauern sorgte, Thermen finanzierte, sich um die Reparatur einer Straße kümmerte und 10 Millionen Sesterzen stiftete, verweisen die epigraphischen Monumente. Die Einwohner von *Castulo* dankten letzterem unter anderem mit einer Ehrenstatue (CIL II 3270) und mit Zirkusspielen, aber keine der drei inschriftlich bekannten Spielstätten konnte man bisher archäologisch nachweisen. Tatsächlich zeugen zurzeit lediglich Stadtmauern aus der Kaiserzeit, die die iberischen Befestigungsanlagen auf der Nordseite nutzten, ein Grabmonument, dessen Zugang zwei Löwen bewachten (Abb. 78), Thermen und jener Bau, zu dem das „Mosaico de los Amores" gehörte, von der Monumentalität und dem Glanz, die das Stadtbild *Castulos* charakterisiert haben mögen.

Abb. 78: Der Löwe, der mit seiner Pranke seinen tödlich verwundeten Gegner packt, bewachte aller Wahrscheinlichkeit nach die linke Seite des monumentalen Zugangs eines Grabmonuments. Die Skulptur ist 1,20 m lang, komplett erhalten und stammt aus dem 2. oder 1. Jh. v. Chr.

Viel ist es nicht, was auf die römische Vergangenheit der Heimatstadt eines Seneca verweist, denn es sind die große Moschee und die verwinkelten Gassen, die das Stadtbild bestimmen und an die Jahrhunderte arabischer Herrschaft denken lassen. Doch die Suche lohnt sich.

40 CÓRDOBA – DAS REICHE CORDUBA AM RUHIGEN BAETIS

Andalusien

Ihrem Reichtum konnte keiner widerstehen: Kaiser nicht, Statthalter nicht und auch ein Sieger im Bürgerkrieg wie Septimius Severus nicht. Die Versuchung war einfach zu groß. Kaiser Tiberius ließ 33 n. Chr. die Blei-, Kupfer-, Silber- und Goldminen des Sextus Marius konfiszieren, nachdem dieser reichste Mann Hispaniens bei ihm in Ungnade gefallen war (Tacitus, Annalen 6,19,1). Er hatte ihn wegen Blutschande mit seiner Tochter angezeigt und vom tarpejischen Felsen hinabgestürzt, obwohl die Inzestklage die Folge jener Nachstellungen war, denen sich die Tochter des Marius von Seiten des Tiberius ausgesetzt gesehen hatte. Jedenfalls behielt der Kaiser Marius' Gold- und Silberminen, die ursprünglich der Staatskasse zugeschlagen werden sollten, für sich. Caecilius Classicus, Statthalter der *Baetica* in den Jahren 97/98 n. Chr., schrieb von ebendort an eine *amicula* in Rom: „Hei, ich komme schuldenfrei zu Dir; vier Millionen Sestertien habe ich bereits eingesackt durch Verkauf von halb *Baetica*." (Plinius, Briefe 3,9,13). Doch er hatte die Rechnung ohne den Wirt gemacht: Wie Plinius der Jüngere berichtet, warf sich die ganze Provinz auf Classicus und insistierte noch auf der Durchführung des Repetundenverfahrens, als dieser sich bereits das Leben genommen hatte. Tatsächlich gelang es Plinius und Lucceius Albinus, die die Provinz vertraten, den Prokonsul und seine Helfershelfer in einem „endlosen" Prozess zu überführen. Septimius Severus wiederum, der 197 n. Chr. als Sieger aus den Bürgerkriegen hervorgegangen war, ließ Mummius Secundinus, der auf seinem am *Baetis* (Guadalquivir) gelegenen Landbesitz Öl produzierte und nach Rom verschiffte, ohne Gerichtsverfahren hinrichten, konfiszierte sein Vermögen und zog es zugunsten der Staatskasse ein (Historia Augusta 12–13).

Die natürlichen Ressourcen

Es war der *Baetis* gewesen, der der Region ihren Namen gegeben hatte und der die *Baetica* aufgrund ihrer „eigentümlichen Schönheit" alle anderen Provinzen übertreffen ließ (Plinius, Naturgeschichte 3,7).

Abb. 79: Brustpanzer aus der Sammlung Enrique Tienda, der als Darstellung von Aeneas auf der Flucht aus Troja oder des Romulus mit den *spolia opima* gedeutet wird (1. Hälfte 1. Jh. n. Chr.).

Abb. 80: Der sog. templo de la c/Claudio Marcelo wird – durch Substruktionen herausgehoben – aufgrund seiner weißen Marmorfront eine weithin sichtbare Erscheinung gewesen sein.

Flussaufwärts erstreckten sich im Norden die an Blei-, Kupfer-, Silber-, und auch Goldminen reichen Gebirgsrücken des *mons Marianus*, die *Corduba* zur „Zierde des goldtragenden Landes“ (*decus auriferae terrae*) machten (Silius Italicus, Punica 3,401 und 16,468-470); im Süden fielen die überaus fruchtbaren Ländereien auf. Die Qualität des Olivenöls und der Schafwolle waren sprichwörtlich; so sah der aus *Bilbilis* stammende Dichter Martial das Haar des Flussgottes mit einer Krone aus Olivenzweigen geschmückt oder sprach von den Vliesen, die der *Baetis* mit seinen glanzenden Wassern golden färbe (Epigramme 12,98,1-2). Angesichts ihrer natürlichen Ressourcen schien der Reichtum dieser Provinz und mithin auch ihrer Hauptstadt unerschöpflich; er war die wirtschaftliche Grundlage des individuellen Vermögens der Cordubenser wie auch ihrer politischen Handlungsmacht – und ein beständiger Grund für Begehrlichkeiten jedweder Provenienz.

Die wohlhabende Stadt – Senecas Welt

Die *patria* Senecas, des späteren Philosophen und maßgeblichen Erziehers Neros, in der Mitte des 2. Jhs. v. Chr. am Nordufer des *Baetis* gegründet, erstreckte sich zur Zeit seiner Geburt (wohl im Jahre 5 oder 4 v. Chr.) über eine ummauerte Fläche von 78 ha. Er hat sie noch als Kleinkind in der Obhut seiner Tante gen Rom verlassen, als die *Colonia Patricia Corduba* sich im Aus- und Umbau befand, da die Cordubenser sämtliche ihrer Viertel geradezu programmatisch neu und monumental gestalteten. Das Resultat war eine Vielzahl repräsentativ gestalteter Platzanlagen. Die *fora* wurden jeweils von Portiken eingefasst – ein Bogen bildete den Zugang – und von einem Tempel dominiert, wie im Falle des Mittelpunktes des *vicus Hispanus* (Altos de Santa Ana – calle Ángel de Saavedra) oder des Platzes, der unmittelbar an das Forum des *vicus Forensis* anschließt. Dieses „Forum Adiectum/Novum" verfügte zudem über eine Basilika und vermutlich noch zwei weitere Heiligtümer für den Herrscherkult. Seine Skulpturenausstattung – eine Kolossalstatue des Aeneas (Abb. 79, S. 139) und elf überlebensgroße und qualitätvoll gearbeitete *togati* – und die Bauornamentik („templo de la c/Morería") legen eine *imitatio* des Augustus-Forums in Rom nahe. Auch der sog. templo de la c/Claudio Marcelo mit seiner kalkulierten Prospektwirkung auf die Via Augusta (Abb. 80, S. 139), die ein sich parallel zur Längsachse des Tempels erstreckender Circus noch verstärkt haben mag, öffnete sich zu einem Platz hin (Plaza de las Tendillas); und noch das Theater (Plaza de Jerónimo Páez) umgab ein wahres Ensemble von Plätzen.

Corduba hatte bereits am Ende der julisch-claudischen Dynastie sein unverwechselbares Profil ausgebildet, das Seneca nicht mehr zu Gesicht bekommen und das sich in den folgenden Jahrhunderten nicht substantiell ändern sollte. Neben der formalen Übernahme hauptstädtischer Modelle fällt generell das Bestreben auf, den kultischen Bereich als Handlungsraum für Repräsentation zu instrumentalisieren – zu Ehren Roms und zur Selbstdarstellung: Die Bauten des städtischen wie des provinzialen Herrscherkultes, für die man offensichtlich zu unterschiedlichen Zeitpunkten unterschiedliche Platzanlagen nutzte – von Tiberius bis Nero diente der Komplex in der c/Morería zusammen mit dem extra muros gelegenen Amphitheater als Kultkomplex, ab Vespasian der „templo de la c/Claudio Marcelo" samt Circus –, prägten die Silhouetten der jeweiligen Städte. Zahlreiche Stiftungen und Ehrungen spiegelten den politischen Diskurs der Angehörigen der lokalen und provinzialen Eliten im Medium epigraphischer Monumente. Sie engagierten sich durch die Übernahme von städtischen respektive provinzialen Ämtern, durch Stiftungen in ihrer Heimatstadt – so finanzierte M. Cornelius Novatus Baebius Balbus ein Aquädukt in *Igabrum* (Cabra) – oder vertraten die Interessen ihrer Provinz als Legaten in der Hauptstadt des Imperiums. Jedenfalls war die Präsenz von Ortsfremden in der Stadt relativ gering; es existierte eine fest umrissene, genuin hauptstädtische Elite, die den Eindruck einer „geschlossenen" Gesellschaft – gerade im Unterschied zu einer „offenen", kosmopolitischen Provinzhauptstadt wie *Tarraco* – erweckte. Die Cordubenser orientierten sich nach Rom: Sie wurden – wie Seneca – bei ihrer Ankunft bereits von Familienangehörigen begrüßt und so zu Mitgliedern des „hispanischen Clans“ in der Hauptstadt. Einige hatte der Ehrgeiz hergeführt oder die Notwendigkeit einer Amtsübernahme; andere *luxuria*, der Wille zur Bildung oder die Spiele; manchen auch *amicitia* oder aber Geschäftstüchtigkeit, wie Seneca selbst ausführt (Die kleinen Dialoge 12,6,2-3).

Ein Statuswechsel und seine Folgen

Auch nach Jahrzehnten der sog. formativen Periode, in denen *Corduba* parallel zur programmatischen Neu- und Umgestaltung seines Stadtbildes so viele Ritter und Senatoren – neben den Annaei unter anderen Iunii und Dillii – wie zu keinem anderen Zeitpunkt in seiner Geschichte hervorbrachte, sind noch erstaunliche finanzielle Kapazitäten vorhanden: So nimmt L. Iunius Paulinus zur Zeit der Severer die Erlangung von städtischen Magistraturen und schließlich provinzialem Flaminat zum Anlass, diverse Spiele im Theater, Amphitheater und Circus sowie Statuenschmuck im Wert des üblichen Mindestzensus für die Erhebung in den Ritterstand zu stiften. Gegen Ende des 3. Jhs. entsteht im *suburbium* nördlich von *Corduba* ein monumentales Anwesen – Cercadilla (Avenida Vía Augusta, 45) (Abb. 81) –, für das aufgrund seiner architektonischen Gestaltung als *unicum* Rom als Bauherr anzunehmen ist. Entweder fungierte es als Palatium für Maximianus Herculius, also Diokletians Mitkaiser, oder als Prätorium des Statthalters der *Baetica*. Auch in Anbetracht einer derartigen Investition erstaunt die Tatsache, dass *Corduba* im 4. Jh. – unter Constantius II. – wohl seine Hauptstadtfunktion an *Hispalis* verlor. Offenbar hat dieser Wechsel mit dazu bei-

Museen/ archäologische Stätten

Museo Arqueológico y Etnológico de Córdoba

Plaza de Jerónimo Páez, 7

14003 Córdoba

T. +34 957355517

https://artsandculture.google.com/partner/museo-arqueologico-de-cordoba

Enclave Arqueológico Cercadilla

Avenida Vía Augusta, 45

14011 Córdoba

T. +34 671560319

https://www.juntadeandalucia.es/cultura/enclaves/enclave-arqueologico-cercadilla

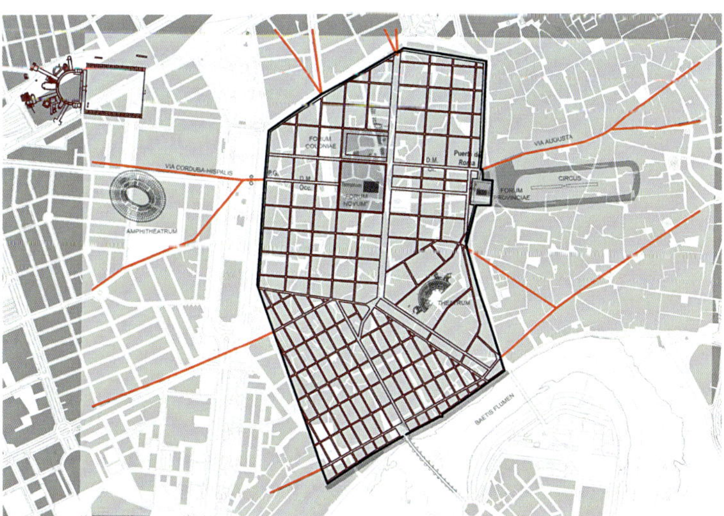

Abb. 81: *Corduba* in der Kaiserzeit mit seinen wichtigsten öffentlichen Bauten. Bei den rot gefärbten Strukturen oben links handelt es sich um Cercadilla.

Abb. 82: Die Große Moschee, deren Ursprünge auf die 2. Hälfte des 8. Jhs. zurückgehen und die römische Brücke aus der 1. Hälfte des 1. Jhs. n. Chr.

getragen, dass neben einem Großteil der öffentlichen Bauten zum Ende dieses Jahrhunderts selbst eines der einstigen Wahrzeichen der Stadt, der „templo de la c/Claudio Marcelo“ mit seiner berechneten Prospektwirkung, eine Umnutzung erfuhr: Er wurde jetzt ‚privat‘ genutzt. Es drängt sich der Eindruck auf, dass die lokale Elite nicht nur kein Interesse mehr an einer repräsentativen Gestaltung des städtischen Raumes hatte, sondern ihn für umfassendere Funktionen öffentlichen Lebens gar nicht mehr benötigte.

Die Präsenz von *barbari* als Folge des Einfalls von Sueben, Vandalen und Alanen zu Beginn des 5. Jhs. scheint für *Corduba* erst ab den 40er Jahren des 6. Jhs. substantiell spürbar geworden zu sein: Zuvor sind Zerstörungen oder Brandhorizonte nicht fassbar, wenn auch der Bau eines *castellum* – an die Stadtmauer gelehnt – im Bereich des Hafens auf das Bedürfnis nach Verteidigung hinweist. Im Jahre 550 greift der Westgote Agila die Stadt an; einnehmen kann er sie jedoch nicht, da der Märtyrer Acisclus, dessen Grabstätte er geschändet hatte, für eine gerechte Strafe sorgte. Seine „Macht“ verweist auf einen weiteren Diskurs, nämlich den der Kirche, der sich *in politicis* à la longue als der entscheidende erweisen sollte. Allerdings entzieht sich weitgehend unserer Kenntnis, wer in *Corduba* jeweils das Amt des Bischofs bekleidete – aus dem 3. bis 5. Jh. sind gerade einmal zwei Amtsträger bekannt. Jedenfalls wirkte der Reichtum der Stadt und ihres Um- und Hinterlandes auch auf die Umayyaden anziehend (Abb. 82). Unter ihrer Herrschaft wurde *Quturba* erneut zur „Zierde des Erdkreises“ (*decus orbis*).

Augustus wollte die Versorgung Roms und der Legionen mit Olivenöl aus der *Baetica* gewährleistet sehen. Rund 100 Produktionsstätten kamen dieser Nachfrage im Rahmen der *annona* nach. Eines der Zentren war *Astigi*.

41 ÉCIJA (ASTIGI) – OLIVENÖL FÜR ROM UND DIE LEGIONEN

Andalusien

Es war eine turdetanische Ansiedlung, die Plinius dem Älteren zufolge (Naturgeschichte 3,12) der römischen Stadt zugrunde lag: das *oppidum liberum Astigi vetus*, dessen Anfänge in das 8. Jh. v. Chr. zurückgehen und das sich in einer Größenordnung von 8,5 ha über eine Anhöhe erstreckte (Cerro del Alcázar oder San Gil). Die Gründung war strategisch motiviert, denn hier, am Zusammenfluss des *Singilius* (Genil) mit dem Argamasilla, war es möglich, den Übergang über den erst ab hier schiffbaren *Singilius* zu kontrollieren. Die Furt erwies sich als derart bedeutsam, dass sie in römischer Zeit zu einem Teil der Via Augusta wurde. Jedenfalls erfolgte die Gründung der *colonia Augusta Firma Astigi* entweder zwischen 25 und 19 v. Chr. – parallel zur Gründung von *Augusta Emerita* – oder zwischen 16 und 14 v. Chr. – während der dritten Reise des Augustus –, in jedem Falle aber für die Veteranen der Legionen IIII Macedonica, VI Victrix und II Pansiana. Die Gründe waren administrativer und wirtschaftlicher Natur: Die rechtliche Privilegierung zum Hauptort des *conventus Astigitanus* zielte auf eine Kontrolle des Territoriums und eine effiziente Ausbeutung der Ressourcen

Der achte Hügel Roms – ein Scherbenhaufen

Astigi sollte zu einem der wichtigsten Zentren der Produktion, der Abfüllung und des Exports von Olivenöl werden, wie einerseits die Latifundien mit Olivenbäumen und Töpfereien vor Ort und andererseits die Amphoren auf dem Monte Testaccio belegen: Denn der sog. achte Hügel Roms, der in den ersten drei Jahrhunderten n. Chr. zwischen Aventin und Aurelianischer Stadtmauer entstand, besteht aus rund 25 Millionen Ölamphoren, die hier „entsorgt" wurden, von denen wiederum 85 % aus der *Baetica* stammen (Abb. 83–84, S. 144–145). Diese Transportamphoren des Typus Dressel 20 lassen sich den rund 100 bisher bekannten Produktionsstätten aus der Region zwischen *Hispalis*, *Corduba* und *Astigi* zuordnen. Ihre Aufschriften (*tituli picti*), ihre Stempel und Graffiti geben Auskunft über den Eigentümer und den Produzenten des Öls, aber auch über das Leergewicht der Amphore,

Museen/ archäologische Stätten

Museo Histórico Municipal de Écija

Palacio de Benamejí

Plaza de la Constitución

C/ Cánovas del Castillo, 4

41400 Écija

T. +34 954830431 / 955902919

http://museo.ecija.es/

Abb. 83: Der achte Hügel Roms am linken Tiber-Ufer ist etwa 45 m hoch und hat einen Umfang von rund 1.000 m. Die Scherben, aus denen er besteht, gaben dem Stadtviertel Testaccio seinen Namen.

den Händler, die Kontrolle durch den Fiskus, das Datum der Verschiffung und den Transportweg. Augustus wollte die Versorgung der Einwohner Roms mit Grundnahrungsmitteln gesichert sehen. Der zu diesem Zweck geschaffenen Präfektur stand unabhängig vom Marktpreis Olivenöl zu; zudem waren die Legionen zu versorgen. Aus dieser Notwendigkeit einer kontinuierlichen Versorgung heraus, also als Reaktion auf die Bedürfnisse des Staates, entstand ein interprovinzielles Versorgungssystem, für das Geld nur in geringem Maße von Bedeutung war. Parallel dazu entwickelten sich zudem Handelsbeziehungen im Sinne eines freien, privaten Marktes.

Die Colonia Augusta Firma Astigi – eine „starke, zuverlässige" Stadt

Jedenfalls spiegelte das Stadtbild *Astigis* die wirtschaftliche Prosperität eines erfolgreichen Olivenöl-Exporteurs. Die Stadtmauern umfassten ein Gebiet von rund 56 ha. In das orthogonal angelegte Straßensystem fügten sich in julisch-claudischer Zeit insgesamt drei Platzanlagen ein: das Forum an der Schnittstelle von *decumanus* und *cardo maximus* (calles Bañales, Mármoles – San Bartolomé, Jesús sin Soga, avenida Miguel de Cervantes), ein Platz von etwa 130 x 135 m, also 17.677 m^2; im Westen schlossen sich ein „Forum Adiectum" und auf der Nordseite ein Kultkomplex an, den ein Tempel mit Podium dominierte (Plaza de España). Zudem förderten die Ausgrabungen im Nordwesten des Forums ein Nymphäum zutage, das von einer Gartenanlage umgeben war. Angesichts der bisher bekannten Überreste drängt sich das Bild einer Stadtanlage auf, wie sie auch aus der Veteranenkolonie *Augusta Emerita* bekannt ist, wo Regelhaftigkeit monumental in Szene gesetzt wurde – durch zentrale, dominierende Heiligtümer, aufwendige, hoch aufragende Theaterbauten und nicht zuletzt solide Befestigungsanlagen. Dem Beinamen, den *Astigi* trug, machte die Stadt alle Ehre.

Abb. 84: Von den rund 25 Millionen Ölamphoren stammen 85 % aus der *Baetica*.

Das erste Konzil im Westen des Imperium fand nach dem Ende der Christenverfolgungen in *Elvira* statt. Bis heute fragt man sich, aus welchen Gründen die Bischöfe diese Stadt auswählten.

42 GRANADA (ELVIRA) – EINE STADT FÜR EIN KONZIL

Andalusien

Einem Teil des heutigen Granadas, nämlich der ehemaligen befestigten Oberstadt Albaicín, liegt die römische Vorgängersiedlung *Florentinum Iliberritanum* oder *Elvira* buchstäblich zugrunde. Die ursprünglich turdulische Siedlung aus dem 7. Jh. v. Chr., deren protoiberische Mauern ein Territorium in der Größenordnung von etwa 6 bis 7 ha eingefasst hatten, erhielt spätestens unter Augustus den Status eines Munizipiums. Neben der unabdingbaren Infrastruktur (nachgewiesen sind das Straßensystem, die Aquädukte und einige *domus*) verfügte sie über ein Forum mit Portiken, Basilika und Tempel. Ihre Bewohner ermöglichten städtisches Leben in all seinen Facetten – so finanzierte ein *libertus* namens Perseus in der 2. Hälfte des 2. Jhs.

Abb. 85a–b: Der Freigelassene Perseus zeigte sich großzügig (CIL II^2/5, 633-634): *[--- lib(ertus)?] Ser(gia) Perseus ob honorem VIviratus fori et basilicae in/[tercolumnia? cum ca]ncellis et trabaec(u)lis(!) et postibus pecunia sua exornata <d>edit.*

n. Chr. großzügig Teile des Forums (Abb. 85a–b) und gab eine Priesterin ein öffentliches Festessen – oder fielen wie herausragende Repräsentanten der Valerii, Cornelii oder Papirii durch ihre reichsweiten militärischen Karrieren auf.

Bekanntheit verleiht diesem konventionell gestalteten römischen Städtchen jedoch ein Ereignis, das am 15. Mai eines nicht genannten Jahres – nach dem Ende der Christenverfolgungen 306 und vor dem Konzil von Arles 314 – zu Beginn des 4. Jhs. *in ecclesia Eliberitana* stattfand: Dort trafen sich 19 Bischöfe, 26 Priester sowie Diakone und Laien, die zu einem Großteil aus der *Baetica*, aber auch aus der *Tarraconensis* und *Carthaginiensis* kamen, um über akute Probleme ihrer expandierenden christlichen Gemeinden in einer überwiegend pagan geprägten Gesellschaft zu diskutieren. Sie fassten ihre Reaktionen angesichts des Regelungsbedarfes in insgesamt 81 *canones* zusammen, die sie ohne inneren Zusammenhang aneinanderreihten: So finden sich Stellungsnahmen zur Aufnahme von Schauspielern und Prostituierten in die Gemeinde, zum Würfelspiel um Geld, zum Umgang mit Christen, die das Amt eines provinzialen *flamen* oder eines Duumvirn innehatten, zum vor- und außerehelichen Geschlechtsverkehr von Laien und zur sexuellen Enthaltsamkeit von Klerikern in der Ehe sowie zu ihren wirtschaftlichen Aktivitäten. Die Akten spiegeln mithin das „Übergangsstadium" in der 1. Hälfte des 4. Jhs., das die „convivencia" mit Heiden, Juden und Häretikern prägte. Unter dieser Prämisse überrascht keineswegs die Tatsache, dass 42,3 % der *canones* das thematisch weite Feld der paganen Kultur und 45,7 % Fragen der Sexualmoral behandeln, sondern sie erscheint konsequent: Inmitten von paganen Bauten und Ritualen, christlichen Wagenlenkern, die ihren Beruf nicht aufgaben, christlichen Herrinnen, die ihre Sklavinnen töteten und Kirchen, deren Wände bemalt waren, verweisen sie einerseits auf die Bereitschaft der Bischöfe zu bedeutsamen Kompromissen. Offensichtlich war auch, dass die munizipalen und provinzialen Ämter nicht nur nicht an Attraktivität verloren hatten, sondern ihnen innerhalb der städtischen Lebenswelt weiterhin eine herausragende Bedeutung zukam. Und andererseits zeigen sie das bischöfliche Bemühen, Laien und Klerikern eine exklusiv christliche Identität zu schaffen – in dem Bewusstsein, dass nur eine ganzheitliche Hinwendung zum Christentum, die ein kontrolliertes Sexualverhalten respektive eine asketische Lebensführung implizierte, letztlich eine soziale Kohärenz der Gemeinden ermöglichen würde.

Jedenfalls nimmt die Thematik dieser Konzilsakten den nach wie vor von paganen Bauten dominierten Stadtbildern der *Baetica* in dieser Zeit ihre Eindeutigkeit – täuschen sie (respektive der materielle Befund) doch eine lebensweltliche Realität vor, die in dieser Form offensichtlich nicht mehr gegeben war.

Museen/ archäologische Stätten

Museo Arqueológico y Etnológico de Granada

Carrera del Darro, 41–43

18010 Granada

T. +34 600143141

http://www.museosdeandalucia.es/web/museoarqueologicodegranada

Sehr früh sehr christlich gewesen zu sein, reklamieren einige Städte auf der Iberischen Halbinsel für sich: So behauptet Tarragona, Paulus sei dort gewesen, und *Acci*, einer der „Sieben Apostolischen Männer"...

43 GUADIX (ACCI) – GRÜNDUNG DES HEILIGEN TORQUATUS

Andalusien

Acci, ein Oppidum der Bastetaner aus dem 6. Jh. v. Chr., lag am Nordhang der Sierra Nevada, im Zentrum der Hoya de Guadix, auf einer Höhe von 913 m über dem Meeresspiegel. Als Caesar hier 45 v. Chr. eine *colonia* gründete (Abb. 86), geschah das an der Kreuzung der Via Augusta mit jener Straße, die von *Castulo* nach *Malaca* führte. Die Bezeichnung *Iulia Gemella Acci* erhielt die Stadt, weil Augustus dort Veteranen aus zwei Legionen – der I. und II. – ansiedelte (*Gemella* – Zwilling). Münzprägungen aus der 1. Hälfte des 1. Jhs. n. Chr., die Legionsadler und militärische Insignien zeigen, verweisen auf diese Tat-

Abb. 86: Ehreninschrift für Mark Aurel im Jahr seines zweiten Konsulats 146 von der *colonia Acci* an der Kathedrale von Guadix (CIL II 3392): *[M(arco)] Aurelio / Vero Caes(aris) / Aug(usti) fil(io) / co(n)s(uli) II / coloniae / Accis.*

sache. Bekannt sind zurzeit lediglich Überreste eines Theaters, Teile des Kanalsystems (calle Palacio – Hospital Real – calle San Miguel) sowie eines Tempels (calle San Miguel) und jeweils auch nur ansatzweise, weil bisher keine systematischen Ausgrabungen stattgefunden haben. Als bedeutsam gilt die Stadt, die wohl vom Bergbau lebte, denn auch eher, weil sie wohl sehr früh christianisiert war: Angeblich existierte hier bereits im 1. Jh. n. Chr. ein Bistum. Dem Martyrologium von Lyon aus dem Jahre 806 zufolge begründete es der Heilige Torquatus, einer der „Sieben Apostolischen Männer" (*siete varones apostólicos*), zu denen noch Caecilius von *Illiberis* (Granada), Ctesiphon von *Vergium* (Berja), Secundus von *Abula* (Abla), Indaletius von *Urci* (Almería), Hesychius von *Carteia* (Cazorla) und Euphrasius von *Illiturgum* (Andújar) gehörten. Petrus und Paulus sollen sie auf die Iberische Halbinsel entsandt haben, wo sie in *Gades* an Land gingen, von der Bevölkerung verfolgt, aber schließlich auf wundersame Art und Weise errettet worden seien. Jedenfalls wurde Torquatus wohl in einem schmucklosen Sarkophag in der Kirche des ehemaligen Klosters in Santa Comba de Bande beigesetzt (Abb. 87). Er führt die Liste von insgesamt 23 Bischöfen an, die bis zum Beginn des 8. Jhs. belegt sind; Felix von *Acci* schließlich war es – und nicht etwa Ossius von *Corduba* als Bischof der Provinzhauptstadt –, der das erste Konzil, das in Hispanien stattfand, leitete: jenes im benachbarten *Elvira* zu Beginn des 4. Jhs.

Abb. 87: Der Torquatus zugeschriebene Sarkophag in der Kirche Santa Comba de Bande. Wenn auch die Existenz dieser Bischöfe zweifelhaft ist, so verwies Papst Johannes Paul II. dennoch bei einem Spanienbesuch 1982 explizit auf sie als Missionare Spaniens.

Die Ursprünge Málagas sind unscheinbar: Besuchern auf dem Weg vom Flughafen ins Zentrum mag die flache Wiese des Cerro del Villar, auf der rechten Seite kurz vor der Autobahnbrücke über den Guadalhorce, nicht auffallen, doch beginnt eben hier bereits im 8. Jh. v. Chr. mit einer phönizischen Niederlassung die Geschichte der jetzigen andalusischen Großstadt.

44 MÁLAGA (MALACA) – EIN PHÖNIZISCHER HAFEN UND SEIN RÖMISCHES STADTRECHT

Andalusien

Verlandungsprozesse des Flusses, vielleicht aber auch Konflikte mit den griechischen Phokäern (deren eigene Gründung *Mainake* schon von römischen Autoren an diesem Küstenabschnitt verortet wird), mögen dafür gesorgt haben, dass die zwei Jahrhunderte später errichtete Nachfolgesiedlung knapp 8 km nordöstlich deutlich geschützter angelegt wurde: Auf dem Geländesporn zwischen Málagas zweitem größeren Fluss, dem Guadalmedina, und dem bis heute markanten Burgberg Gibralfaro konnte noch bis weit in römische Zeit eine ummauerte Hafenstadt florieren, die sich allerdings laut Strabo (Geographie 3,4,2) ein auffällig phönizisches Erscheinungsbild erhalten hatte. Dieser Eindruck mochte durch das fehlende orthogonale Straßenraster bedingt gewesen sein, wahrscheinlich aber umso augenfälliger durch die lokale Münzprägung, die nicht nur tetrastyle Tempelfassaden abbildete, sondern auch punische Symbole wie den Kopf der Göttin Tanit. Dass die Geldstücke von *Malaka* sogar bis in die frühe Kaiserzeit hinein punische statt lateinischer Legenden trugen, zeugt vom Selbstbewusstsein der durch Fischfang, Salz- und vielleicht auch Purpurverarbeitung wohlhabend gewordenen Gemeinde.

Hilfreich war dabei sicherlich der Status der Stadt als *civitas foederata*, den sich die Malacitaner durch die frühe Kooperation mit Rom im zweiten Punischen Krieg verdient hatten – wenngleich sie das in den Bürgerkriegsjahren der 80er v. Chr. nicht davor bewahrte, von den Truppen des späteren Triumvirn Marcus Licinius Crassus geplündert zu werden. Die Stadt erholte sich jedoch schnell und profitierte von den administrativen Neuerungen und Bauvorhaben in augusteischer Zeit: Mit der *Malaca* passierenden Via Herculea konnten die im *conventus Gaditanus* organisierten Nachbarstädte nun auch auf dem Landweg erreicht werden. Zudem verfüllte man einen älteren Thermenkomplex unterhalb der Hanglagen im Osten des Stadtgebietes, um ein Theater zu errichten (Abb. 88). Dass aber auch hier die gewerblichen Interessen bis in die Spätantike Vorrang hatten, zeigt der Umstand, dass Teile der im späten

Museen/ archäologische Stätten

Museo de Málaga Palacio de la Aduana
Plaza de la Aduana, s/n
29015 Málaga
T. +34 951039269
http://www.museosdeandalucia.es/web/museodemalaga

Centro de Interpretación Teatro Romano
Calle Alcazabilla, s/n
29015 Málaga
T. +34 951501115
https://www.juntadeandalucia.es/cultura/enclaves/enclave-arqueologico-teatro-romano-de-malaga

Abb. 88: Das von der arabischen Burg (Alcazaba) überragte augusteische Theater hatte seinerseits Badeanlagen aus republikanischer Zeit überbaut.

3. Jh. aufgegebenen Spielstätte für die *garum*-Fabrikation umfunktioniert wurden. Noch später waren das Bühnengebäude und die über 64 m breite *cavea* gern genutzte Lieferanten für Baumaterialien: Manch ein Kapitell und diverse Sitzstufen dürften in den Festungsmauern der arabischen Alcazaba wiederverwendet worden sein, die mit ihren zahlreichen Türmen über dem verbliebenen Theaterrund thront.

Die sich vor dem Theater zum Platz weitende Calle Alcazabilla führt nicht nur einige Meter südwärts zum Museo de Málaga (das in seinem zweiten Obergeschoss die archäologischen Sammlungen aus allen vormittelalterlichen Epochen Málagas präsentiert), sondern ermöglicht auch den Zugang zum 2010 eröffneten Centro de Interpretación Teatro Romano. Ansprechend gestaltet offeriert die Fassade dieses rechteckigen Flachbaus Impressionen des aus althistorischer Perspektive zweifellos bedeutendsten Fundes aus dem antiken Málaga – der *Lex Flavia Malacitana* (Abb. 89, S. 152). Jenes antike Stadtrecht, oder genauer ein 16 Kapitel umfassender Ausschnitt eines Stadtrechts aus der Regierungszeit Domitians, war Mitte des 19. Jhs. nur wenige 100 m nördlich im Stadtteil El Ejido gefunden und vor der drohenden Einschmelzung bewahrt worden. Die erhaltene Bronzetafel (als letzte von wahrschein-

Abb. 89: Einige (insbesondere die Wahlen städtischer Beamter betreffende) Abschnitte des durch Domitian verliehenen Stadtrechts, der *Lex Malacitana*, sind auf einer 1851 entdeckten Bronzetafel erhalten geblieben.

lich sechs zusammengehörigen) befindet sich zwar im Archäologischen Nationalmuseum Madrid, ist aber als Replik in Málaga mehrfach zu finden. So bleibt die inschriftlich überlieferte innere (Wahl-) Organisation *Malacas* als römisches Munizipium der hohen Kaiserzeit im modernen Stadtbild ebenso präsent, wie es auch der Hafen als – weniger eindeutiges – phönizisches Erbe bleibt.

Wer sich auf den Weg nach Porcuna macht, sollte eigentlich gleich nach Jaén fahren, um zu finden, was er sucht: die berühmten iberischen Skulpturen vom Cerrillo Blanco, die dort im Museum zu bestaunen sind, seit der damalige Direktor Iván Negueruela Ende der 1970er Jahre mit ihrer Bearbeitung betraut wurde. Im Museum in Porcuna finden sich nur vereinzelte Stücke sowie Prägungen der gleichnamigen Münzstätte aus dem 2. und 1. Jh. v. Chr.

45 PORCUNA – VON IPOLKA ZU OBULCO

Über das Städtchen ist für die vorrömische wie auch die römische Zeit wenig bekannt: Die Hauptstadt der Turduler ist zunächst ausweislich ihrer Münzprägungen unter dem Namen *IPOLKA* bekannt, nach der Eroberung durch Rom firmiert sie als *Obulco*. Das Oppidum, Zentrum eines landwirtschaftlich ertragreichen Territoriums und strategisch gut positioniert zwischen dem mittleren und dem hohen Lauf des *Baetis*, diente Caesar als Sitz für sein Lager während der Auseinandersetzungen mit Pompeius. Nach seinem Sieg beförderte er es zum Munizipium latinischen Rechts. Aus der frühen Kaiserzeit sind reich ausgestaltete Häuser und gepflasterte Straßen nachgewiesen.

Warum „bestattet" man Skulpturen? Das Rätsel vom Cerrillo Blanco

Die Nekropole vom Cerrillo Blanco, die die Turduler vom 7. bis zum 2. Jh. v. Chr. nutzten, befindet sich rund 3 km nördlich vom heutigen Porcuna. Zwischen 1975 und 1979 fand man dort in einem Graben, der mit schweren Steinplatten abgedeckt war, etwa 1.500 Skulpturenfragmente: Rekonstruieren ließen sich eine Gruppe aus mindestens zehn Kriegern – bewaffneten Männern, die in Zweikämpfe verwickelt sind –, aber auch Frauen und Kinder, Tiere wie z. B. ein Wolf, eine Sphinx, sowie Bruchstücke von Möbeln und Architekturelemente (Abb. 90, S. 154). Eine Systematik oder ein Programm ließen sich allerdings nicht identifizieren. Das Material stammte aus den Steinbrüchen der Gegend: Im Süden von Porcuna befinden sich die sog. canteras de Santiago de Calatrava, nach denen der weiße, weiche Sandstein, der feinkörnig und einfach zu bearbeiten ist, „piedra de Santiago" heißt. Eine Analyse aller Daten, d. h. der Stratigraphie, des Stils, des Schmucks und der Waffen, die ausschließlich dem indigenen Bildrepertoire entstammen, erlaubt eine Datierung der Skulpturen in das 5. Jh. v. Chr. An zahlreichen Fragmenten wurden Kerben und Bohrlöcher festgestellt,

Abb. 90: Der Stier aus Porcuna (Museo Provincial Jaén) datiert in die 2. Hälfte des 6., das 1. Viertel des 5. Jhs. v. Chr. Der Skulptur aus hellgelbem Sandstein (55 cm hoch, 70 cm lang, 20 cm breit) fehlen das Maul und die Hinterbeine.

die zur Befestigung verschiedener Attribute aus Edelmetall oder Elfenbein dienten – ein technischer Kunstgriff, der den iberischen Skulpturen eine besonders kostbare und aparte Ästhetik verliehen haben muss. Der einzig komplett erhaltene Kopf samt Gesicht ist das perfekt modellierte Haupt eines Kriegers (Abb. 91–92). Sein Gesicht, das sich in eine quadratische Grundform einschreibt, hat Augen (Pupillen und Lider sind durch feine Ritzlinien erarbeitet) und einen Mund, die in einer flachen Ebene angeordnet sind. Diese Art der Darstellung hat die Forschung als Beweis für einen griechischen, genauer phokäischen Einfluss sehen wollen, kamen doch die ersten griechischen Kolonisten aus *Phokaia*. Das indigene Handwerk habe rasch und mit großer Aufnahmebereitschaft reagiert: So erklärte man sich zunächst die ersten griechischen Züge in der frühiberischen Kunst, der man nichtsdestotrotz eine „unbestreitbare Originalität, Unabhängigkeit und Kompromisslosigkeit“ (Pilar León) zuschrieb. Tatsächlich spielte aber auch Süditalien – als wichtiger Handels- und Umschlagplatz – im Rezeptionsprozess eine wichtige Rolle, so dass man inzwischen von einer stark stilisierten iberischen Nachahmung süditalischer Vorbilder ausgeht, die ihrerseits wiederum archaische Formen abstrahieren. Jedenfalls kam es zu einer Distanzierung von den Vorbildern der griechischen Welt, nachdem der Mittelmeerraum in eine griechische und in eine punische Einflusssphäre aufgeteilt worden war. Die Konsequenzen der Einbeziehung der

Iberischen Halbinsel in den punischen Machtbereich waren bedeutsam und verstärkten die sog. orientalisierenden Elemente.
Der Krieger aus der 1. Hälfte des 5. Jhs. repräsentiert die Blütezeit der iberischen Kultur. Als Figur des öffentlichen Lebens gehörte er einer stark hierarchisierten Gesellschaft an, an deren Spitze Eliten standen, die ihre Macht und ihren privilegierten Status in Bauwerken und Skulpturengruppen zum Ausdruck brachten: Das Niveau der urbanistischen Strukturen und die Qualität der Architektur spiegeln die wirtschaftliche Bedeutung wie die Kontakte zur griechischen, italischen und punischen Kultur. Bisher nicht überzeugend erklärt werden konnten allerdings die vorsätzlichen Zerstörungen, die sich seit dem ausgehenden 5. und beginnenden 4. Jh. feststellen lassen: Wer hat die Skulpturen vom Cerrillo Blanco zerstört und aus welchen Gründen, nachdem sie doch eben erst geschaffen worden waren? Und warum machte man sich die Mühe, die Fragmente gemeinsam in der unmittelbaren Nähe der Nekropole gewissermaßen zu bestatten? Der Aufwand und die Mühen müssen erheblich gewesen sein, denn einige der Fragmente sind mehrere hundert Kilo schwer und die Nekropole liegt auf einer Anhöhe. Es wäre einfacher gewesen, sie dort zu belassen, wo man sie zerstört hatte und sie anschließend wiederzuverwenden. Ihr Aufstellungskontext und ihre Funktion entziehen sich noch immer unserer Kenntnis; Konsens besteht nur dahingehend, dass alle Skulpturen zu einem Komplex gehörten: Handelte es sich um ein Heiligtum oder um ein repräsentatives ziviles Gebäude? Kam es zu einer wirtschaftlichen Krise oder zu innenpolitischen Unruhen? Oder übten gar die Ethnien keltischer Abstammung Druck auf die benachbarten Iberer aus? Das Rätsel der Skulpturen vom Cerrillo Blanco ist nur eines von vielen, das die Kultur der Iberer uns nach wie vor aufgibt.

Museen/ archäologische Stätten

Museo de Jaén

Paseo de la Estación, 29

23008 Jaén

T. +34 953101366 / 600143452

http://www.museosdeandalucia.es/web/museoibero

Museo Arqueológico de Obulco

Torre Nueva o de Boabdil

C/ José Antonio Moreno Torres/Plaza de Andalucía, 1

23790 Porcuna

T. + 34 953544004

https://www.museodeporcuna.com/

Abb. 91–92: Kopf (37 cm hoch, 20 cm breit, 24 cm tief) und Torso eines Kriegers (78 cm hoch, 45 cm breit, 39 cm tief) vom Cerrillo Blanco (Museo Provincial Jaén). Die Skulpturfragmente datieren in die 1. Hälfte des 5. Jhs. v. Chr. und zeugen von einer absichtlichen Zerstörung.

Die erste *colonia* gewesen zu sein, die Rom außerhalb der Apennin-Halbinsel gegründet hatte – wer kann das schon von sich behaupten? Die Stadt, von deren Theater aus man auf die Straße von Gibraltar schauen konnte…

46 SAN ROQUE (CARTEIA) – DIE ERSTE COLONIA ROMS

Andalusien

Carteia konnte sich wie auch *Italica* rühmen, die erste aller Städte gewesen zu sein – *Italica*, da sie 206 v. Chr. die erste Stadtgründung Roms in Hispanien überhaupt gewesen war und *Carteia*, weil es sich um die erste *colonia* handelte, die 171 v. Chr. von römischer Seite angelegt wurde. Livius berichtet, sie sei für die über 4.000 Söhne aus den Verbindungen römischer Soldaten mit einheimischen Frauen gegründet worden (43,3,1-4). Es handelte sich um die erste Ansiedlung mit latinischem Rechtsstatus außerhalb Italiens, denn *Italica* hatte – trotz römischer Siedlungsform – den Status einer peregrinen Stadt. Jedenfalls hatte der römische Senat diesen ersten Hispanoromanen nicht das

Abb. 93: Die monumentale Treppe führt zu einem – unter Umständen zweistöckigen – Gebäude aus augusteischer Zeit.

Abb. 94: Das Theater von *Carteia* mit Blick auf die Straße von Gibraltar.

volle Bürgerrecht ihrer Väter verliehen, sondern lediglich das latinische; erst unter Augustus wurde *Carteia* wohl zum Munizipium.
Die Anlage der Stadt an der Bucht von Algeciras, 13 km nordöstlich der gleichnamigen Stadt gelegen und nahe der Mündung des Guadarranque, erfolgte gewissermaßen zweifach: in der Mitte des 7. Jhs. v. Chr. auf dem Cerro del Prado (*Carteia* „La Vieja") und rund drei Jahrhunderte später in einer Entfernung von etwa 2 km, der Küste näher (*Carteia* „La Nueva"), wo eine monumentale Ausgestaltung der Stadtanlage auf einem terrassierten Gelände möglich war, die fortan z. B. Mauern hellenistischen Typus' umgaben. Eine Romanisierung der phönizisch-punischen Strukturen ist bereits gegen Ende des 2. Jhs. v. Chr. zu fassen, als ein römischer Tempel auf den punischen Kultbauten, die sich an der höchsten Stelle der Stadt befanden, aufsetzt. Um die Zeitenwende entstehen neue Stadtmauern mit mindestens sechs Stadttoren, die ein Gebiet von 27 ha einfassen; außerdem *domus*, ein *macellum* und eine Platzanlage (Abb. 93) mit zwei Altären. An den – seinerseits monumentalisierten republikanischen – Tempel schließt ein neuer Bau an. Seine wirtschaftliche Prosperität verdankte *Carteia* zu diesem Zeitpunkt wie schon seit seiner Gründung der Purpurschneckenfischerei und den Fischverarbeitungsbetrieben und mithin seiner Lage an der Straße von Gibraltar, die einen florierenden Handel mit den Städten Nordafrikas wie auch mit *Gades* ermöglichte (Abb. 94).

Museen/ archäologische Stätten

Museo Monográfico Municipal de Carteia/ Museo de San Roque

Palacio de los Gobernadores

Plaza Iglesia, s/n

Calle San Felipe, s/n

11360 San Roque

T. +34 956781587 / 956694005

https://guiadecadiz.com/es/turismo-cultural-detalle/museo-municipal-san-roque#

Yacimiento arqueológico de Carteia

Carretera Autovía A7, salida 116 – Guadarranque

Avenida del Puerto, s/n

11369 San Roque

T. +34 956908030

https://www.andalucia.org/de/san-roque-kultureller-tourismus-enclave-arqueologico-de-carteia

Unter Santiponce, wenige Kilometer nordwestlich von Sevilla, schlummern die eher unscheinbaren Reste der ältesten Römerstadt Hispaniens, die erst spät durch kaiserliche Aufmerksamkeit einen – wenngleich kurzlebigen – Monumentalisierungsschub erleben sollte.

47 SANTIPONCE (ITALICA) – VOM VETERANENLAZARETT ZUR KADERSCHMIEDE FÜR SENATOREN UND KAISER

Andalusien

Unweit von *Ilipa* – dem Schlachtenort am Westufer des unteren *Baetis*, an dem das Ende der karthagischen Herrschaft auf der Iberischen Halbinsel besiegelt wurde – schien ein guter Platz zu sein, den verwundeten Soldaten im Heer des Publius Cornelius Scipio eine dauerhafte Ruhepause zu gönnen. Der 206 v. Chr. folgerichtig als erste römische Siedlung in Hispanien angelegte *vicus civium Romanorum* symbolisierte schon durch seine Benennung als *Italica*, dass seine Einwohner mehrheitlich aus römischen Kernlanden stammten.

Doch stand die etwas über 13 ha große ummauerte Neugründung noch einige Zeit im Schatten der südlich benachbarten multiethnischen Hafenstadt *Hispalis*: Von den dortigen iberischen *Turdetani* bezogen die italischen Veteranen ihre Gebrauchskeramik und übernahmen anscheinend für ihre Häuser zunächst noch indigene Bautechniken. Bevor in spätrepublikanischer Zeit ein Theater – extra muros in der Nordostecke der Stadt – errichtet wurde, scheint es bis auf ein vielleicht schon aus dem 2. Jh. v. Chr. stammendes, im darauffolgenden Jahrhundert aber bereits durch Brand beschädigtes (und in der Forschung als solches umstrittenes) Kapitolium keine größeren öffentlichen Bauten in *Italica* gegeben zu haben.

Andererseits sorgte nicht zuletzt der militärische Hintergrund seiner Einwohner im gleichen Zeitraum dafür, dass diese vergleichsweise prominent in der literarischen Überlieferung auftauchen: Aus *Italica* kam der Quaestor Gaius Marius, der im Gefolge des Quintus Pompeius gegen den aufständischen Lusitanier Viriathus kämpfte. Und im Bürgerkrieg der 40er Jahre v. Chr. finden sich Einwohner der Stadt auf unterschiedlichen Seiten wieder: Der dem Ritterstand entstammende Quintus Pompeius Niger kämpfte für die Caesarianer, und einer seiner Mitbürger, ein gewisser Titus Torius, war sogar Legat mehrerer Legionen der Pompeianer. Das soldatische Element scheint auch später noch in *Italica* eine gewisse Sichtbarkeit beibehalten zu haben, was sich nicht allein in der mit Legionssymbolen versehenen frühkaiserzeitlichen Münzprägung des nunmehrigen Munizipiums widerspiegelt, sondern

Museen/ archäologische Stätten

Conjunto Arqueológico de Itálica
Avenida de Extremadura, 2
41970 Santiponce (Sevilla)
T. +34 600141767 / 955123847
http://www.museosdeandalucia.es/web/conjuntoarqueologicodeitalica

Museo Arqueológico de Sevilla
Plaza de América, s/n
41013 Sevilla
T. +34 955120632
http://www.museosdeandalucia.es/web/museoarqueologicodesevilla

Abb. 95: Mit der *nova urbs* sorgte Hadrian, hier als Büste aus *Italica* (heute im Archäologischen Museum von Sevilla), für eine deutliche Vergrößerung seiner Heimatstadt um 35 ha.

auch anhand der Ziegelstempel und Grabinschriften, die Angehörige der Legio VII Gemina und einer gallischen Hilfstruppen-Kohorte nachmalig in der Stadt hinterließen.

Ansonsten rekrutierte sich – durch fast 450 Inschriften anschaulich bezeugt – im *Italica* der Hohen Kaiserzeit eine lokale, aber auch reichsweit zum Tragen kommende Verwaltungselite: Zumindest 9 Senatoren des 2. Jhs. hatten ihre Wurzeln in der Stadt am *Baetis*. Trajan und sein Nachfolger Hadrian (Abb. 95), die sinnbildlich für die militärische und administrative Prägung ihres Herkunftsorts stehen mögen, konnten sich dementsprechend während ihres Aufstiegs zum Kaisertitel auf Weggefährten aus ihrer Heimat wie Publius Acilius Atianus oder Publius Coelius Balbinus verlassen.

Der Einfluss dieser in Rom in höchste Ämter gelangenden Männer wird seinen Teil dazu beigetragen haben, dass *Italica* am Anfang der 120 Jahre zur *Colonia Aelia Augusta* aufgewertet wurde und in der Folge zu einer gewaltigen Baustelle geriet. Jedoch stand nicht die *vetus urbs*, jene stets klein gebliebene republikanische Altstadt im Fokus der Arbeiten, sondern nord- und westwärts an diese angeschlossen eine mit 35 ha Größe mehr als doppelt so große Stadterweiterung. Von den großzügigen rechteckigen *insulae*, zwischen denen bis zu 16 m breite Straßen verlaufen sollten, waren im Westteil dieser *nova urbs* gleich mehrere für einen gewaltigen Thermenkomplex mit angeschlossener *palaestra*

Abb. 96: Das bis zu 30.000 Zuschauer fassende Amphitheater in der *nova urbs* war das größte der Provinz.

reserviert. Jene nachantik als „Termas de la Reina Mora" geläufigen Bäder gelten mit ihren 32.000 m² Fläche als die größten in der Provinz *Baetica*. Ähnliche Superlative darf man für das erhöht in der Stadtmitte (gleichsam auf zwei *insulae*) errichtete Trajaneum – ein 125 x 100 m großes, allseitig von Portiken eingefasstes Heiligtum – sowie das 153 x 132 m messende und wohl bis zu 30.000 Zuschauer fassende Amphitheater unmittelbar vor dem Nordtor bemühen (Abb. 96).

Doch auch wenn diese Großbauten, zusätzlich einige bis zu 1600 m² große *domus* mit bemerkenswerten Mosaiken und schließlich die inschriftlich bezeugten Stiftungen gleich mehrerer Götterbilder im Wert von jeweils 100 Pfund Silber durch lokale Priesterinnen und Priester auf den Wohlstand der Bewohner hinweisen, sollte die Erfolgsgeschichte *Italicas* nicht mehr lange anhalten. Vielleicht durch eine ungünstige Verlagerung des *Baetis* beschleunigt, sicherlich aber durch ihre letztlich zu überambitionierten Dimensionen mitbedingt, wurde die baulich unvollendet gebliebene *nova urbs* offenbar bereits im frühen 3. Jh. wieder aufgegeben. Und während sich in der spätantiken *vetus urbs* ein bescheidener Bischofssitz etablierte, boten sich einige monumentale Säulenschäfte nebenan bald darauf zum Abtransport und zur Wiederverwendung in der Moschee von Córdoba an.

Zumindest mit einer Linie knüpft die heute viertgrößte Stadt Spaniens nahtlos an ihre vormodernen Epochen an: Noch immer ist der Guadalquivir, der den frühneuzeitlichen Transatlantikhandel in Sevilla zusammenführte, bis hierhin schiffbar – und dies war schon für die antike Hafenmetropole ein wesentlicher Aufstiegsfaktor.

48 SEVILLA (HISPALIS) – VOM KULTURELLEN SCHMELZTIEGEL ZUM HORT CHRISTLICHER GELEHRSAMKEIT

Andalusien

Die Phönizier, die sich mit ihrem Handelsposten *Spal* oder aber *Hisbaal* im 8. Jh. v. Chr. am Unterlauf des *Baetis* festsetzten, mussten dafür nicht von ihrer Vorliebe für küstennahe Inseln oder Halbinseln Abstand nehmen – eröffnete doch die große Lagune, die die Römer später als *Lacus Ligustinus* bezeichnen sollten, hier dem Atlantik einen weiten Einschnitt ins Binnenland. Wenngleich inzwischen verlandet und durch einen breiten Dünengürtel vom Golfo de Cádiz getrennt, blieb auch noch in den jetzigen Marschengebieten die angrenzende breite Flussebene stets in Reichweite, deren agrarischer Reichtum die dichte Städtelandschaft in der antiken *Baetica* mit ermöglicht hatte.

So wäre es ohne das fruchtbare Umland und den florierenden Hafen von *Spal* kaum möglich gewesen, das an der Wende zum 2. Jh. v. Chr. und nur gut 10 km nordwestlich durch die Veteranen des Publius Cornelius Scipio besiedelte *Italica* zu versorgen. Funde zahlreicher unterschiedlicher Amphorentypen aus dieser Zeit weisen auf das durch die Anwesenheit von iberischen *Turdetani*, Puniern, Römern und weiteren Italikern bedingte rege Treiben an der Mündung des *Baetis* hin. Vielleicht war es mehr dieses gelebte kulturelle Miteinander denn die Unterstützung für Pompeius, die Caesar nach der Schlacht von Munda den Hispalensern als *more barbarorum* vorwarf – zumindest, wenn man dem anonymen Fortsetzer seiner *commentarii* über den Krieg in Spanien glauben mag.

Nichtsdestotrotz (oder vielleicht gerade deswegen) privilegierte der siegreiche Feldherr, der den Wert des hiesigen kombinierten See- und Flusshafens erkannt haben dürfte, die Stadt als *Colonia Iulia Romula*. Zusätzlich mit dem Prestige eines *conventus*-Hauptorts ausgestattet, v. a. aber durch die zunehmende Bedeutung als Umschlagplatz für Olivenöl und (meist mit Maultieren an den *Baetis* und von dort mit Binnenschiffen flussabwärts transportierte) Edelmetalle, wuchs *Hispalis* in der frühen Kaiserzeit auf eine Fläche von mehr als 50 ha an.

In flavischer Zeit scheint dann ein weiterer Ausbau der Hafeninfrastruktur erfolgt zu sein: Grabungen konnten auf Höhe der Avenida Roma

Museen/ archäologische Stätten

Museo Arqueológico de Sevilla
Plaza de América, s/n
41013 Sevilla
T. +34 955120632
http://www.museosdeandalucia.es/web/museoarqueologicodesevilla

Sala Antiquarium
Plaza de la Encarnación, s/n
41003 Sevilla
T. +34 955471580
https://icas.sevilla.org/espacios/antiquarium/informacion-general

antike Kaianlagen und *horrea* dokumentieren. Wie ein benachbartes, kommerziellen Zwecken vorbehaltenes zweites Forum (das erste lag einen halben Kilometer nördlich) im Bereich der nachmaligen Kathedrale von Sevilla vermuten lässt, gaben die städtischen *collegia* hier den Ton an. Zudem offenbart das mit mehr als 180 Inschriften reichhaltige epigraphische Korpus von *Hispalis* die regelmäßige Anwesenheit von Reichsbeamten: Kaiserliche Freigelassene und *scribae* (also Schreiber), aber auch ein (wohl für den reibungslosen Warenfluss des Olivenöls aus dem Binnenland verantwortlicher) *procurator ad ripam Baetis* sind hier bezeugt. Dass Sextus Iulius Possessor, der dieses Amt im späten 2. Jh. n. Chr. innehatte, von den Hispalenser Schiffern, den *scapharii*, mit einer Statue geehrt wurde, weist wiederum auf ein enges Verhältnis zwischen lokalen und übergeordneten Akteuren hin.

Einblicke in die sich wandelnden Wohnverhältnisse von der antiken Stadt bis hin zu ihrer mittelalterlichen Überprägung als *Isbīliya* unter der Herrschaft der muslimischen Almohaden-Dynastie sind seit etwas über 10 Jahren an der Plaza de la Encarnación möglich. Unterhalb der futuristischen Metropol Parasol mit ihren Aussichtsplattformen wurden in einer „Sala Antiquarium" auf rund 4.900 m² Fläche die – überwiegend spätantiken – Ruinen eines Stadtviertels musealisiert (Abb. 97). Vielleicht lebte in den hier sichtbaren Häusern aus dem 6. Jh. eine der (sich vielleicht in der der Nachfolge der lokalen Märtyrerinnen Justa und Rufina sehenden) christlichen Frauen, deren Namen uns durch Grabinschriften aus der Nekropole im Nordosten Sevillas überliefert sind – etwa die *clarissmae* Paula oder Cervella oder aber die *innocens virgo* Cypriana. Der berühmteste christliche Einwohner der Stadt, Bischof Isidor, wird eine Generation später vielleicht eher ein Domizil in der Nähe des Flusses gehabt haben – konnte er für seine enzyklopädischen Arbeiten dort doch mutmaßlich auch jetzt noch von der Vielsprachigkeit im alten Hafenviertel profitieren.

Abb. 97: Hausgrundrisse im Antiquarium unter der futuristischen Metropol Parasol bezeugen das Fortleben der Wohnkultur in *Hispalis* bis ins 6. Jh.

Der Archäologische Park von Torreparedones, rund 30 km südöstlich von Córdoba, ist ein anschauliches Beispiel für den reichhaltigen Ertrag, den seit den 1980er Jahren intensivierte Forschung aber auch kommunale Aufmerksamkeit an vielen Orten in Spanien erbringen.

49 TORREPAREDONES (ITUCI) – WIRKUNGSSTÄTTE IBERISCHER GÖTTINNEN UND STOLZER DUUMVIRI

Andalusien

Es wirkt alles noch recht neu auf dem Hügel von Torreparedones: Die 579 m hohe Anhöhe, die weite Ausblicke über die landwirtschaftlich genutzten Ebenen im breiten Tal des Guadalquivir ermöglicht, ist erst Anfang 2011 als Archäologischer Park zugänglich gemacht worden. Somit strahlen die weißen kastenförmigen Gebäude des 2016 eröffneten Besucherzentrums noch mit den hellen Fassaden der beiden teilrekonstruierten Rechtecktürme des Osttores, das den Zugang zum Areal markiert, um die Wette. Die Ausgrabungen auf dem bereits im 7. Jh. v. Chr. ummauerten und an seiner höchsten Stelle von der Ruine einer kastilischen Burg des frühen 14. Jhs. bekrönten Hügel haben zudem erst im Laufe der letzten eineinhalb Jahrzehnte die wichtigen öffentlichen Bauten der antiken Stadt umfassend erschließen können. Als größere Strukturen wurden seit 2009 u.a. das Forum, ein *macellum*, Thermen, ein Amphitheater sowie zuletzt ein Heiligtum mit auffälligen steinernen Votiven in Pferdeform ergraben.

Zahlreiche Votive und mehrere Opferstellen fanden sich ebenso im Bereich des schon 1989 publizierten iberischen Heiligtums aus dem 4. Jh. v. Chr., das – extra muros im Süden des spitz zulaufenden Plateaus gelegen – im 2. Jh. v. Chr. um eine *cella* erweitert und dann im 1. Jh. n. Chr. aufgeben, allerdings erst im 2. Jh. durch einen Brand zerstört wurde. In der letzten Belegungsphase scheint die zuvor in Form einer anikonischen Säule verehrte Himmelsgöttin durch einen Kult der als Geburtshelferin geschätzten Juno Lucina ersetzt worden zu sein.

Das hier sichtbar werdende Fortleben älterer Traditionen in der römischen Siedlung wird noch deutlicher in einem bereits 1833 entdeckten gemauerten und von einem Tonnengewölbe gedeckten Grabmal, das als „Mausoleum der Pompeii" in die Forschung eingegangen ist. 12 mit Inschriften versehene Aschenurnen von einer innen liegenden Bank kombinierten mehrheitlich die indigenen oder aber punischen Namen der Bestatteten mit der Nomenklatur der *gens Pompeia* und weisen darauf hin, dass die lokale Bevölkerung zumindest in augusteischer Zeit

Museen/ archäologische Stätten

Yacimiento Arqueologico de Torreparedones

Enclave Arqueológico de Torreparedones, Baena

Carretera A-3125, km. 18,9

14850 Baena

T. +34 957671757

http://www.baena.es/ayuntamiento/informacion_municipal/cultura/que_ver_en_baena/yacimiento_arqueologico_de_torreparedones

Museo Arqueologico e Histórico de la Tercia

Edif. Casa de la Tercia

C/ Santo Domingo de Henares, 5

14850 Baena

Tel. +34 957671946

https://www.baena.es/ayuntamiento/informacion_municipal/cultura/que_ver_en_baena/museo_historico_de_la_tercia

Abb. 98: Eine bronzene Inschrift auf dem augusteischen Forum von *Ituci* ehrt – als Stifter der Pflasterung des 528 m² großen Platzes – einen gewissen Marcus Iunius Marcellus.

noch in einem Übergangsprozess lebte. Mithin erfahren wir durch diese besonderen Funde von der Rolle, die die Ämterübernahme dabei spielte: Ein gewisser Marcus Pompeius Ictnis wurde der erste *duumvir* in seiner Familie.

Seine mutmaßliche Wirkungsstätte, die städtische *curia*, ist in der Nordostecke des gut erhaltenen Forums ebenso nachgewiesen wie die benachbarten, den 528 m² großen Platz einrahmenden Bauten: eine Basilika im Osten, ein Kaiserkulttempel im Westen sowie Portiken auf der Nord- und Südseite (Abb. 98).

Kopien der hier einst stehenden leicht überlebensgroßen marmornen Statuen, darunter ein Porträt des Kaisers Claudius, ersetzen die inzwischen ins Archäologische Museum von Baena (18 km südlich von Torreparedones) überführten Originale. Das Forum war in tiberischer Zeit erneuert worden, wozu auch eine Pflasterung der Platzfläche aus grauen Kalksteinplatten gehörte. Wie die Reste einer einst mit Bronzebuchstaben in den Boden gesetzten Inschrift verraten, hatte ein gewisser Marcus Iunius Marcellus, auch er offenbar ein *duumvir*, dieses Bauvorhaben aus eigenen Mitteln bestritten.

Dank eines weiteren Inschriftenfundes aus dem Jahr 2011 konnte nunmehr auch geklärt werden, wie der Name der antiken Stadt lautete, in der diese Vorbilder der Romanisierung wirkten: *Ituci Virtus Iulia*. Die römische Siedlung auf dem Hügel von Torreparedones dürfte also jener aus der literarischen Überlieferung bekannte „tugendhafte“ Ort gewesen sein, den Caesar aus Dankbarkeit für die Unterstützung im Umfeld der Schlacht von Munda als *colonia* privilegierte – und der weiterhin eine vielversprechende Fundstätte bleibt.

Munigua mag die heutige Städteforschung als „Stadt ohne Stadt" klassifizieren, aber das, was an sog. öffentlichen Bauwerken erhalten ist, ist derart beeindruckend, das man sich gar nicht vorstellen kann, wie denn eine „Stadt" ausgesehen hätte.

50 VILLANUEVA DEL RÍO Y MINA (MUNIGUA) – DAS MINENSTÄDTCHEN, DAS ERWANDERT WERDEN WILL

Andalusien

Es gibt auch in Spanien noch verwunschene Winkel, in die man am besten zu Fuß gelangt. Wer Muße und Lust auf eine etwa zweistündige Wanderung hat, der begebe sich nach Villanueva del Río y Mina in der Provinz Sevilla und schlage kurz vor der Ortsausfahrt den Weg nach *Munigua* ein, welcher durch Olivenhaine, an Korkeichen vorbei und teilweise über das Weideland von Rinderherden führt (Abb. 99): Die- oder derjenige wird durch eine atemberaubende Sicht auf eines der eindrucksvollsten Zeugnisse römischer Baukunst auf der Iberischen Halbinsel belohnt werden: ein aufwendig gestaltetes Terrassenheiligtum aus der Zeit der Flavier (Abb. 100–101, S. 166). Bautypologisch gehört es zum Typus jener Terrassenheiligtümer, die zur Zeit der Republik in Latium verbreitet waren; Offenbar hat man sich an *Praeneste* (Palestrina) und *Tibur* (Tivoli) orientiert. Aller Wahrscheinlichkeit nach wurden hier Fortuna und Herkules verehrt.

Abb. 99: Es ist ein erlebnisreicher Wanderweg, der von Villanueva del Río y Mina nach *Munigua* führt: Die Rinderherden inmitten von Olivenhainen und Korkeichen vergisst man so schnell nicht wieder…

Abb. 100: ... wie auch den Anblick des imposanten Terrassenheiligtums, das in weiter Ferne zu erspähen ist ...

Abb. 101: ... und sich seit den 70er Jahren des 1. Jhs. n. Chr. in einer Länge von 54,53 m und in einer Breite von 35,2 m über den Hügel erstreckt.

Die wirtschaftlichen Grundlagen

Munigua liegt im Südwesten Spaniens, in den Ausläufern der Sierra Morena, ca. 10 km nördlich des Guadalquivirtals und im Gebiet der sog. Ossa-Morena-Zone, die zusammen mit der Südportugiesischen Zone den Iberischen Pyritgürtel bildet: eine Region, die sich durch ihren großen Reichtum an Erzen – insbesondere an Kupfer – auszeichnet. Die Stadt kann als der größte Metallproduzent der Zone gelten. Seit der Bronze- und der vorrömischen Eisenzeit und bis weit in die Spätantike bzw. in die frühislamische Zeit bilden der Bergbau und die rohstoffverarbeitenden Werkstätten ihre wirtschaftliche Grundlage. Die obertägigen Lagerstätten ließen sich leicht ausfindig machen, da sich ihr Kupferkarbonatgehalt anhand leuchtend blauer Farben anzeigte, bspw. in Form des türkisfarbenen Malachits oder des blauen Azurits. Nach der Mitte des 4. Jhs. v. Chr. nimmt die Montan-Aktivität zu. Die neue Art des Bergbaus, die in dieser Zeit entwickelt wird, ermöglicht eine bisher nicht bekannte Effizienz und Produktivität: die planmäßige Anlage von Schächten und Stollen in 60 m Tiefe und tiefer sowie die Lösung des Problems eindringenden Grundwassers durch Möglichkeiten der Wasserbewegung und -hebung (Schöpfrad, Saug- und Druckpumpe des Ktesibios, Archimedische Schraube, Flaschenzug). Der Ausbeutung der Kupferminen folgt schließlich die Eisengewinnung: In der Kaiserzeit lassen Abbau und Verarbeitung enormer Vorräte von Eisenerzen *Munigua* zum größten Eisenverhüttungszentrum des Guadalquivir-Gebietes aufsteigen.

Die römische Stadtanlage – eine „Stadt ohne Stadt"?

Das römische *Munigua* ist also keine Gründung ex novo, sondern überbaut ein turdetanisches Oppidum, dessen Raumordnung es zunächst übernimmt. Erst in der Mitte des 1. Jhs. n. Chr. drängt es die

Verhüttung und die Metallverarbeitung an den Stadtrand und in die Minen selbst und beginnt mit der Bebauung des östlichen Bereichs des Stadthügels; unter den Flaviern müssen dann die letzten indigenen Bauten auf der Hügelkuppe dem Terrassenheiligtum weichen. Unterhalb des Heiligtums finden ein Podiumstempel und weiter hangabwärts ein Forum mit *curia*, Basilika und zwei Tempeln Platz. Zu den öffentlichen Bauten gehört eine Thermenanlage, die nordöstlich an das Forum anschließt. Die Wohnstadt rings um den Hügel beschränkt sich wahrscheinlich auf kaum mehr als 15 Stadthäuser, so dass sich die Fläche mit rund 3,8 ha innerhalb der Stadtmauern als sehr bescheiden darstellt. Der überproportional große Bereich, den die öffentlichen und sakralen Bauten im Vergleich zu den Wohnhäusern einnehmen, ist mit der Funktion *Muniguas* als Zentralort für das Umland erklärt worden, wo sich neben den Minen Höfe und Anwesen befunden haben werden, deren Bewohner die Stadt als Bezugspunkt nutzten. Jedenfalls konnte die Einführung der römischen Stadtkultur – insbesondere in den weniger intensiv romanisierten Gebieten des Westens und Nordens – zu „Städten ohne Stadt“ (*ciudades sin urbe*) führen, d. h. zu Städten, die zwar über öffentliche Bauwerke, nicht aber über die erwartbare Wohnbebauung verfügten.

Museen/ archäologische Stätten

Yacimiento arqueológico de Munigua

Cañada Real del Pedroso

41350 Villanueva del Río y Minas

T. +34 697954445

http://www.villanuevadelrioyminas.es/es/municipio/mulva-munigua/

Tipp

Langzeitprojekt der Abteilung Madrid des Deutschen Archäologischen Instituts:

https://www.dainst.org/en/projekt/-/project-display/288352

Eine Stadt in der Hand von sechs Familien

Unter den Flaviern erhält *Munigua* den Status eines Munizipiums, und von Titus ist sogar vom 7. September des Jahres 79 ein Brief an die Dekurionen erhalten, in dem er auf der Zahlung einer Schuld an einen gewissen Servilius Pollio insistiert. Jedenfalls scheinen sechs Familien – die Aelii, Licinii, Valerii, Quintii, Aemilii und Fulvii – über mehrere Generationen städtisches Leben in all seinen Facetten ermöglicht zu haben. So hatte L. Valerius Firmus im letzten Viertel des 1. bzw. zu Beginn des 2. Jhs. zweimal das Amt des Bürgermeisters inne; er finanzierte den Bau eines Tempels, eines Forums, einer Portikus, einer Exedra und des *tabularium* (also eines Archivgebäudes) aus eigenem Vermögen. Quintia Flaccina, die als Priesterin für den Kaiserkult tätig war, stiftete dem *genius* des Munizipiums eine Silberstatue mit einer Exedra samt kleinem Tempel und gab anlässlich ihrer Weihung ein öffentliches Essen. Diese Stiftungen und Wohltaten belegen den Reichtum und das Engagement der Muniguenser, der jedoch im 4. und 5. Jh. nur noch in bescheidenem Ausmaß vorhanden gewesen sein dürfte. Die Anzahl der Bewohner nimmt deutlich ab und lässt aus der „Stadt ohne Stadt“ eine ländliche Siedlung werden. Unberührt von diesem Wandel erfolgt die Ausbeutung der Minen hingegen bis in das 8. und 9. Jh.

GLOSSAR

amicitia **–** „Freundschaft“ in der Bedeutungsbandbreite von persönlichen Beziehungen bis hin zu zwischenstaatlichen Allianzen Roms mit seinen Verbündeten

annona **–** ursprünglich der jährliche Getreidebedarf Roms, in der Kaiserzeit dann die Versorgung der Reichshauptstadt und der Legionen mit als Abgaben eingezogenen Naturalien

apodyterium **–** Umkleideraum in römischen Badeanlagen, in der Regel mit Wandnischen zur Kleiderverwahrung

benefactor **–** Amtsträger oder *patronus*, der – dem antiken Ideal politischen Wirkens gemäß – als „Wohltäter“ auftritt, häufig als Stifter kostspieliger öffentlichen Bauten

canabae **–** anfänglich provisorische, dann dauerhafte zivile Siedlungen außerhalb (aber in direkter Nähe) der Befestigungen eines römischen Standlagers, häufig geprägt durch Handwerkstätigkeiten

capite velato **–** Verhüllung während römischer Opferrituale durch das kapuzenartig über den Kopf gezogene Obergewand

cardo (maximus) **–** üblicherweise nordsüdlich ausgerichtete (Haupt) Straßenachse in römischen Lagern bzw. römischen Städten, zusammen mit dem ihn rechtwinklig kreuzenden *decumanus* Grundlage eines regelmäßigen, auch das Umland einbeziehenden Katasters

Castro – archäologischer Fachbegriff für eine befestigte vorrömische Höhensiedlung, insbesondere im Siedlungsbereich keltischer und kelt(iberischer) Stämme

castrum **–** römisches Heerlager bzw. Kastell mit zumeist rechteckigem Grundriss und regelhaft gegliedertem Innenaufbau; häufig Keimzelle späterer Städte

cavea **–** durch Sitzreihen und üblicherweise als ansteigendes steinernes (Halb)Rund gegliederter Zuschauerraum römischer Theater oder Amphitheater

civitas **–** grundsätzlich römische Bezeichnung für eine Ethnie oder eine Bürgergemeinschaft respektive deren Territorium, häufig auch auf den jeweils befestigten Zentralort bezogen und daher ab der späteren Kaiserzeit auch als Rechtstitel für Städte zunehmend geläufiger

clarissima **–** seit der hohen Kaiserzeit gebräuchlicher Ehrentitel für „hochangesehene“ weibliche Angehörige ranghoher Senatoren (*viri clarissimi*)

collegium **–** zunftartig organisierter Berufsverband oder aber Kultverein; die mitunter in diesem Umfeld freimütig betriebene politische Agitation sorgte wiederholt für Restriktionen und Verbote durch Senat und Kaiser

colonia **–** ursprünglich eine von Rom zur militärischen Kontrolle in sein Umland ausgesandte Siedlergruppe; seit der späten Republik ein Rechtsstatus, der vorrangig wichtigen Provinzstädten verliehen wird

comes **–** grundsätzlich informeller oder verbeamteter „Begleiter“ im Gefolge eines Statthalters oder des Kaisers; seit der Spätantike ein hoher offizieller (mehrstufig unterteilter) Rangtitel

consistorium **–** enges Beratergremium des Kaisers in der Spätantike

conventus **–** insbesondere in den westlichen Provinzen regionale Verwaltungseinheit und Gerichtsbezirk, in dessen Hauptort der Statthalter Recht spricht

curia **–** Versammlungsort des Stadtrats, üblicherweise im baulichen Zusammenhang mit einer →Portikus oder Basilika im unmittelbaren Umfeld des Forums zu finden

decumanus (maximus) **–** üblicherweise ostwestlich ausgerichtete (Haupt)Straßenachse in römischen Lagern bzw. römischen Städten, zusammen mit dem ihn rechtwinklig kreuzenden *cardo* Grundlage eines regelmäßigen, auch das Umland einbeziehenden Katasters

deductio **–** formalisierter Gründungsakt der Neuanlage einer →*colonia* durch römische Siedler, in der Kaiserzeit v. a. durch Ansiedlung von Veteranen auf dem Gebiet unterworfener Stämme oder Städte

domus **–** römisches Stadthaus mit nach innen gerichteten, üblicherweise um einen Hof oder mehrere Höfe gegliederten Räumen

duumviri **–** „Bürgermeister“ – aus zwei gewählten Beamten bestehendes Kollegium, häufig höchstes Gremium in römischen Städten (mit richterlichen Befugnissen auf lokaler Ebene)

dux **–** ursprünglich variable Bezeichnung für den Befehlshaber einer militärischen Einheit, ab der späten Kaiserzeit dann zunehmend feststehendes und hochrangiges Amt mit Verantwortung für überprovinziale Militärkommandos (häufig in Grenzregionen)

emporion **–** „Handelsplatz“ – insbesondere von den Phöniziern/Puniern und Griechen angelegtes Kontor, oft zunächst auf eine Hafen- und Ufermarktfunktion in den kulturellen Kontaktzonen zu mediterranen Nachbarvölkern beschränkt, teilweise aber auch zu größeren Siedlungen anwachsend

***princeps* –** ursprünglich Ehrentitel für besonders verdiente römische Senatoren, seit Augustus dann offizieller Bestandteil der Kaisertitulatur

***procurator* –** römische Amtsträger mit eigens zugeschnittenem Ressort, zumeist aus dem Ritterstand stammend und (oft als kaiserlicher Vertrauter) mit Befugnissen in der Finanzverwaltung ausgestattet

***regnum* –** „Königreich", im spätantiken Kontext insbesondere die Herrschaftsstrukturen, die sich unter den germanischen Stämmen auf dem ehemaligen Gebiet des römischen Reichs herausbilden

***suburbium* –** unbefestigter Vorort römischer Städte – außerhalb, aber im direkten Umfeld der Stadtbefestigungen gelegen und üblicherweise von den städtischen Nekropolen geprägt

***taberna* –** einfache Gewerberäumlichkeit (etwa als Laden oder Werkstatt); in römischen Städten häufig dicht aneinandergereiht mit Öffnungen zum Forum oder größeren Straßen zu finden

***terra sigillata* –** in der archäologischen Forschung etablierter Begriff für rötliche Feinkeramik mit reliefiertem (durch Stempel aufgebrachtem) Dekor, durch (v. a. in Norditalien und Südgallien) massenhafte Produktion seit der frühen Kaiserzeit weit verbreitet

***togatus* –** der „Toga-Tragende", also durch das typische lange und speziell gefaltete Obergewand als römischer Bürger erkennbare Mann; archäologisch zumeist auf entsprechende statuarische Darstellungen bezogen

Urbs – Bezeichnung für Rom selbst und einige wenige frühe Stadtgründungen, die in einer besonderen Beziehung zur Hauptstadt des Imperiums standen

***urbs regia* –** „Königsstadt"; Orte, die insbesondere in den spätantikfrühmittelalterlichen Reichen Westeuropas als erwählte Residenzen und zeitweilige Hauptstädte oft rasante Ausbauphasen erleben

***vicus* –** in ländlichen Gebieten kleinere Siedlungszentren ohne besonderen Rechtsstatus; zudem in größeren Städten Viertel mit kommunaler Selbstverwaltung

***xenodochium* –** im Geiste christlicher Caritas betriebene und zunächst für Pilger eingerichtete Herberge; später dank zusätzlicher medizinischer Versorgungsmöglichkeiten Vorläufer der Hospitäler

BIBLIOGRAPHIE

Abad Casal, L. / Keay, S. J. / Ramallo Asensio, S. F. (Eds.): Early Roman Towns in Hispania Tarraconensis, Portsmouth (R.I.) 2006 (= Journal of Roman Archaeology. Suppl.; 62)

Alföldy, G.: Die Bauinschriften des Aquäduktes von Segovia und des Amphitheaters von Tarraco, Berlin 1997 (= Madrider Forschungen; 19)

Alföldy, G.: Tausend Jahre epigraphischer Kultur im römischen Hispanien: Inschriften, Selbstdarstellung und Sozialordnung, in: Lucentum 30 (2011), 187–220

Arce, J. / Le Roux, P. (Eds.): Ciudad y comunidad cívica en Hispania (ss. II y III d.C.), Colloque international. Madrid 1990, Madrid 1993 (= Collection de la Casa de Velázquez; 40)

Arce, J. / Ensoli, S. / La Rocca, E. (Eds.): Hispania romana. Desde tierra de conquista a provincia del imperio, Madrid 1997

Barceló, P. / Schmidt, P. (Eds.): Kleine Geschichte Spaniens, Bonn 2005 (= Schriftenreihe der Bundeszentrale für Politische Bildung; 527)

Barraca de Ramos, P. (Ed.): Hispania. El legado de Roma, Zaragoza 1998

Beltrán Fortes, J. / Rodríguez Gutíerrez, O. (Eds.): Hispaniae vrbes. Investigaciones arqueológicas en ciudades, Sevilla 2012 (= Publicaciones de la Universidad de Sevilla. Serie Historia y Geografía; 203)

Beltrán Lloris, F.: Augustus and the Middle Ebro Valley, in: Gerión 35 (2017), 525–540

Bowes, K. / Kulikowski, M. (Eds.): Hispania in Late Antiquity. Current Perspectives, Leiden/Boston 2005 (= The Medieval and Early Modern Iberian World; 24)

Campos Carrasco, J. M. / Bermejo Meléndez, J. (Eds.): Ciudades romanas de la provincia Baetica. Corpus Vrbium Baeticarum I: Conventus Hispalensis et Astigitanus. 2 vols., Huelva 2018 (= Onoba Monografías; 2.1-2)

Cunliffe, B. / Keay, S. J. (Eds.): Social complexity and the development of towns in Iberia. From the Copper Age to the Second Century A.D., Oxford 1995 (= Proceedings of the British Academy; 86)

Curchin, L. A.: Roman Spain. Conquest and Assimilation, London/New York 1991

Curchin, L. A.: The Urban Experience in Castilla-La Mancha in the Roman Period, in: G. Carrasco Serrano (Ed.): La ciudad romana en Castilla-La Mancha, Cuenca 2012, 15–28

Díaz-Andreu, M.: Theory and Ideology in Archaeology: Spanish Archaeology under the Franco Régime, in: Antiquity 76 (1993), 74–82

Díaz Martinez, P. C.: City and Territory in Hispania in Late Antiquity, in: G.P. Brogiolo / N. Gauthier / N. J. Christie (Eds.): Towns and their territories between Late Antiquity and Early Middle Ages, Leiden 2000, 3–35 (= Transformation of the Roman World; 9)

Dupré Raventós, X. (Ed.): Las capitales provinciales de Hispania. Vol. 1–3: Córdoba. Colonia Patricia Corduba. / Mérida. Colonia Augusta Emerita. / Tarragona. Colonia Iulia Urbs Triumphalis Tarraco, Rom 2004 (= Ciudades Romanas de Hispania; 1–3)

Fear, A.T.: Rome and Baetica. Urbanization in Southern Spain c. 50 BC - AD 150, Oxford 1996 (= Oxford Classical Monographs)

García i Llinares, G. / Moro García, A. / Tuset Bertrán, F.: La seu episcopal d'Ègara. Arqueologia d'un conjunt cristià del segle IV al IX, Tarragona 2008 (= Sèrie Documenta; 8)

Haley, E. W.: Baetica Felix. People and Prosperity in Southern Spain from Caesar to Septimius Severus, Austin 2003

Herbers, K.: Geschichte Spaniens im Mittelalter. Vom Westgotenreich bis zum Ende des 15. Jahrhunderts, Stuttgart 2006

Hernández Guerra, L. / Sagredo San Eustaquio, L. (Eds.): El proceso de municipalización en la hispania romana. Contribuciones para su estudio, Valladolid 1998

Hertel, D. / Untermann, J. (Eds.): Andalusien zwischen Vorgeschichte und Mittelalter, Köln 1992 (= Forum Ibero-Americanum; 7)

Houten, P.: Urbanisation in Roman Spain and Portugal. Civitates Hispaniae in the Early Empire, London 2021 (= Studies in Roman Spain and Portugal)

Hutter, S.: Der römische Leuchtturm von La Coruña, Mainz am Rhein 1973 (= Madrider Beiträge; 3)

Kaiser, A.: The urban dialogue. An analysis of the use of space in the Roman city of Empúries, Spain, Oxford 2000 (= BAR. International Series; 901)

Keay, S. (Ed.): The archaeology of early Roman Baetica, Portsmouth 1998 (= Journal of Roman Archaeology. Suppl.; 29)

Koch, M. (Ed.): Die Iberer. Ausstellungskatalog Paris – Barcelona – Bonn 1998, München 1998

Koch, M.: Hispanien. Vom Tartessos-Mythos zum Arabersturm, Mainz am Rhein 2014

Kulikowski, M.: Late Roman Spain and Its Cities, Baltimore/London 2004

Luik, M.: Der schwierige Weg zur Weltmacht. Roms Eroberung der iberischen Halbinsel 218-19 v. Chr., Mainz am Rhein [2]2007

Morillo Cerdán, Á. / García Marcos, V.: The Roman camps at León (Spain): state of research and new approaches, in: Á. Morillo Cerdán / N. Hanel / E. Martín (Eds.): Limes XX. Estudios sobre la frontera romana; Kongress León 2006, Madrid 2009, 389–405 (= Anejos de Gladius; 13,1)

Panzram, S. / Pachá, P. (Eds.): The Visigothic Kingdom. The Negotiation of Power in Post-Roman Iberia, Amsterdam 2020 (= Late Antique and Early Medieval Iberia)

Panzram, S. (Ed.): The Power of Cities: The Iberian Peninsula from Late Antiquity to the Early Modern Period, Leiden/Boston 2019 (= The Medieval and Early Modern Iberian World; 70)

Panzram, S. (Ed.): Oppidum – civitas – urbs. Städteforschung auf der Iberischen Halbinsel zwischen Rom und al-Andalus, Berlin 2017 (= Geschichte und Kultur der Iberischen Welt; 13)

Panzram, S.: „¡Tarraco Viva!“ Stadtgeschichte leben – Das moderne Spanien und das alte Rom, in: H. von Hesberg (Ed.): Die Konstruktion von Gedächtnis – Zu einer Standortbestimmung von Archäologie in der Stadt. Kolloquium der

Fritz Thyssen Stiftung. Köln 2014, Köln/Worms 2016, 122–134 (= Archäologisches Gedächtnis der Städte; 1)

Panzram, S. (Ed.): Städte in Spanien. Moderne Urbanität seit 2000 Jahren, Mainz am Rhein 2014

Panzram, S.: Kleine Geschichte der Balearen, in: Klio 95 (2013), 5–39

Panzram, S. (Ed.): Städte im Wandel. Bauliche Inszenierung und literarische Stilisierung lokaler Eliten auf der Iberischen Halbinsel. Internationales Kolloquium. Hamburg 2005, Münster 2007 (= Geschichte und Kultur der Iberischen Welt; 5)

Panzram, S.: Eurich und seine Nachfolger. Die westgotische Reichsbildung auf der Iberischen Halbinsel, in: M. Meier (Ed.): Sie schufen Europa. Historische Porträts von Konstantin bis Karl dem Großen, München 2007, 124–140

Panzram, S.: Stadtbild und Elite: Tarraco, Corduba und Augusta Emerita zwischen Republik und Spätantike, Stuttgart 2002 (= Historia Einzelschriften; 161)

Ruiz de Arbulo, J. (Ed.): Simulacra Romae. Roma y las capitales provinciales del Occidente Europeo. Estudios Arqueológicos. Reunión Internacional. Tarragona 2002, Tarragona 2004

Schattner, T.: Munigua. Cuarenta Años de Investigaciones, Sevilla 2003

Schlunk, H. / Hausschild, T. (Eds.): Hispania antiqua. Die Denkmäler der frühchristlichen und westgotischen Zeit, Mainz am Rhein 1978

Teichner, F. (Ed.): Aktuelle Forschungen zur Provinzialrömischen Archäologie in Hispanien. Internationales Kolloquium. Sevilla 2015, Marburg 2016 (= Kleine Schriften aus dem Vorgeschichtlichen Seminar Marburg; 61)

Trillmich, W. / Hauschild, T. (Eds.): Hispania antiqua. Denkmäler der Römerzeit, Mainz 1993

Trillmich, W. / Zanker, P. (Eds.): Stadtbild und Ideologie. Die Monumentalisierung hispanischer Städte zwischen Republik und Kaiserzeit. Internationales Kolloquium. Madrid 1987, München 1990 (= Abhandlungen der Bayerischen Akademie der Wissenschaften / Philosophisch-Historische Klasse. Neue Folge; 103)

ABBILDUNGSVERZEICHNIS

Trotz sorgfältiger und intensiver Recherche war es nicht in allen Fällen möglich, die Urheberrechte zu ermitteln. Wir danken für jeden Hinweis, sollten Fehler oder Mängel enthalten sowie Rechtsansprüche Dritter unberücksichtigt geblieben sein.

A. Arbeiter (Georg-August-Universität Göttingen): Abb. 14

Blogspot: Abb. 38b (unter ynesdetrujillo.blogspot.com, https://ynesdetrujillo.blogspot.com/2016/03/ la-basilica-visigoda-en-el-parque.html)

A. Burnett / M. Amandry / P. P. Ripollès: Roman Provincial Coinage. Vol. I: From the Death of Caesar to the Death of Vitellius (44 BC-AD 69). Part I: Introduction and Catalogue. / Part II: Indexes and Plates, Cambridge 1992, Nr. 218, 222 und 224: Abb. 12a-c

D. Bernal Casasola (Universidad de Cádiz): Abb. 74–75

R. Cebrián Fernández (Universidad Complutense de Madrid – Parque Arqueológico de Segóbriga): Abb. 36–38a-b

Corpus Inscriptionum Latinarum – BBAW: Abb. 2 (CIL VI 8,2 31267: https://edh.ub.uni-heidelberg.de/edh/foto/F014132), 85a–b (CIL II²/5, 633-634)

Mª C. Fuertes Santos (Junta de Andalucía – Red de Espacios Culturales de Andalucia, Córdoba): Abb. 81

B. Grunewald: Abb. 29 (CIL II²/14, 1140: D-DAI-MAD-GRU-R-146-69-03)

Hispania Epigraphica: Abb. 89 (unter http://eda-bea.es/pub/record_card_1.php?rec=1600)

Historia Nationalgeographic: Abb. 78 (unter https://historia.nationalgeographic.com.es/a/leon-protector-ciudad-castulo_7862)

P. Houten (Universität Hamburg): S. 8–9 (Karten)

idiazb.wordpress.com: Abb. 59 (unter https://idiazb.wordpress.com/2013/05/16/investigacion/)

D. Kloss – M. Grosch (Universität Hamburg): Abb. 25, 49

M. Koch (Ed.): Die Iberer. Ausstellungskatalog Paris – Barcelona – Bonn 1998, München 1998, 253: Abb. 90–92

Münzkabinett der Staatlichen Museen zu Berlin: Abb. 33

J. Morín de Pablos (AUDEMA Madrid): Abb. 39

J. M. Noguera Celdrán (Universidad de Murcia – Parque Arqueológico del Molinete): Abb. 1, 31

L. Olmo Enciso (Universidad Alcalá de Henares – Parque Arqueológico de Recópolis): Abb. 42a–b

S. Panzram (Universität Hamburg): Abb. 3, 5, 8–9, 19–20, 23–24, 40, 54, 60–63, 69, 79–80, 82, 96, 99–101

Pressestelle des spanischen Königshauses: Abb. 30

J. Remesal Rodríguez (Universidad de Barcelona – Centro para el Estudio de la Interdependencia Provincial en la Antigüedad Clásica): Abb. 83–84

J. Ruiz de Arbulo Bayona (Universitat Rovira i Virgili Tarragona): Abb. 10a–c, 11

W. Trillmich / T. Hauschild (Eds.): Hispania antiqua. Denkmäler der Römerzeit, Mainz 1993, Taf. 12–13: Abb. 64

A. Vives y Escudero: La moneda hispánica. Vol. I-III, Madrid 1924-1926, 81,3; 124,1-3: Abb. 66

P. Witte: Abb. 13 (CIL II²/14, 2085: D-DAI-MAD-WIT-R-155-70-5)

Wikimedia Commons: Abb. 4 (Dantla, GNU License), 6 (Bestiasonica, public domain), 7 (Marta A A, CC BY-SA 3.0), 15 (Enric, CC BY-SA 4.0), 16 (Diego Delso, delso.photo, CC BY-SA 3.0), 17–18 (Buhasapos – Trabajo propio, CC BY-SA 3.0), 21 (Concepcion AMAT ORTA, CC BY-SA 3.0), 22 (José Luis Filpo Cabana, CC BY 3.0), 26–27 (Joanbanjo, CC BY 3.0), 28 (rene boulay, CC BY-SA 3.0), 32 (Øyvind Holmstad, CC BY-SA 4.0), 34 (Alejandro Navarro López, public domain), 35 (Rjdeadly, CC BY-SA 4.0), 41 (Alonso de Mendoza, public domain), 43 (Borjaanimal, CC BY-SA 3.0), 44 (Turol Jones, CC BY 2.0), 45 (Michail Jungierek Finanzer, CC BY-SA 3.0), 46 (Diputación Provincial de Soria, public domain), 47 (Wamba Wambez, CC BY-SA 3.0), 48 (Vicente Maza Gómez, CC BY-SA 3.0), 50 (Miguel Hermoso Cuesta, CC BY-SA 4.0), 51 (GobLiN 86, CC BY-SA 3.0), 52 (Luis Rogelio HM, CC BY-SA 2.0), 53 (McPolu, CC BY-SA 2.0), 55 (Emilio Ponte, CC BY-SA 3.0), 56 (Vicente Maza Gómez, CC BY-SA 3.0), 57 (Antonio Costa, CC BY-SA 3.0 ES), 58 u. 76 (Carole Raddato, CC BY-SA 2.0), 65 (kallerna, CC BY-SA 4.0), 67 (Eamand, CC BY-SA 4.0), 68 (Museo de Almería, CC BY-SA 3.0), 70 (Malopez 21, CC BY-SA 4.0), 71 (Nicotappero, CC BY-SA 4.0), 72 u. 97 (Benjamín Núñez González, CC BY-SA 4.0), 73 (Rodelar, CC BY-SA 4.0), 77 (Ángel M. Felicísimo, CC BY-SA 4.0), 86 (Flickr, CC BY-SA 2.0), 87 (Enrique Íñiguez Rodríguez (Qoan), CC BY-SA 3.0), 88 (alf.melin, CC BY-SA 2.0), 93 (Falconaumanni, CC BY-SA 3.0), 94 (ani-ri, CC BY-SA 3.0), 95 (Caroline Léna Becker, CC BY-SA 3.0), 98 (Edmundo Sáez, CC BY-SA 4.0)